Hernandes Dias Lopes

ECLESIASTES
Sabedoria para viver

hagnos

© 2023 Hernandes Dias Lopes

1ª edição: março de 2023

REVISÃO
Luiz Werneck Maia
Letras Reformadas

DIAGRAMAÇÃO
Letras Reformadas

CAPA
Claudio Souto (layout)
Wesley Mendonça (adaptação)

EDITOR
Aldo Menezes

COORDENADOR DE PRODUÇÃO
Mauro Terrengui

IMPRESSÃO E ACABAMENTO
Imprensa da Fé

As opiniões, as interpretações e os conceitos emitidos nesta obra são de responsabilidade do autor e não refletem necessariamente o ponto de vista da Hagnos.

Todos os direitos desta edição reservados à
EDITORA HAGNOS LTDA.
Rua Geraldo Flausino Gomes, 42, conj. 41
CEP 04575-060 — São Paulo, SP
Tel.: (11) 5990-3308

E-mail: hagnos@hagnos.com.br
Home page: www.hagnos.com.br

Editora associada à:

Dados Internacionais de Catalogação na Publicação (CIP)
Angélica Ilacqua CRB-8/7057

Lopes, Hernandes Dias
 Eclesiastes: sabedoria para viver / Hernandes Dias Lopes. — São Paulo: Hagnos, 2023.

 ISBN 978-85-7742-390-3

 1. Bíblia. AT Eclesiastes I. Título

23-0548   CDD 223.8

Índices para catálogo sistemático:
1. Bíblia. AT Eclesiastes

Dedicatória

Dedico este livro aos meus netos Bento e Chloe, presentes de Deus, sobremesa da vida.

Sumário

Prefácio 7
Introdução 11

1. A vaidade da vida debaixo do sol
   (Ec 1:1-11) 25
2. O filósofo em busca do sentido da vida
   (Ec 1:12-18) 41
3. Onde encontrar a felicidade
   (Ec 2:1-11) 55
4. Lidando com a realidade da morte
   (Ec 2:12-17) 69
5. Qual é o sentido do trabalho?
   (Ec 2:18-26) 79
6. A soberania de Deus sobre o tempo
   (Ec 3:1-8) 91
7. As grandes questões da vida
   (Ec 3:9-22) 109
8. Os retratos da vida debaixo do sol
   (Ec 4:1-16) 119

9. Olhando para a vida na perspectiva de Deus

   (Ec 5:1-20) 133

10. As decepções da vida

    (Ec 6:1-12) 145

11. Conselhos para uma vida melhor

    (Ec 7:1-29) 157

12. Como viver sabiamente num mundo marcado pela injustiça

    (Ec 8:1-17) 175

13. Sabedoria para viver e morrer

    (Ec 9:1-18) 191

14. O sábio e o insensato debaixo do sol

    (Ec 10:1-20) 207

15. As chaves para uma vida melhor

    (Ec 11:1-10) 225

16. Preparando-se para a partida

    (Ec 12:1-14) 239

Prefácio

ECLESIASTES É, DE LONGE, o livro mais polêmico da Bíblia. Muitos estudiosos questionaram sua canonicidade e outros colocaram em dúvida a autoria salomônica. Por que esse livro foi escrito? Qual foi a perspectiva do autor? Se não entendermos o propósito do autor, e sem o filtro da graça, poderemos ficar com a pele tostada, completamente afadigados, debaixo do sol. Faço coro com a oração de Michael Eaton: "Que no estudo de Eclesiastes sejamos conduzidos do desespero para uma cosmovisão na qual Deus é Deus, no qual as pessoas encontram descanso. Que se aprenda um vislumbre daquele que preenche o vazio em Eclesiastes, o Senhor Jesus Cristo".[1]

Entendemos que Salomão, filho de Davi, é o Pregador que escreveu o livro. A palavra "Eclesiastes" tem a mesma origem do vocábulo grego *ecclesia*, de onde vem a palavra "igreja". O Pregador está falando a uma comunidade acerca da impossibilidade intransponível de o homem encontrar qualquer sentido na vida nas realizações pessoais e nas conquistas deste mundo. Em sua jornada do berço à sepultura, caminhando debaixo do sol, ele só encontra fadigas.

Salomão foi o rei mais rico, mais sábio e que granjeou as maiores conquistas pessoais da história de Israel, quiçá do mundo. Sua riqueza era proverbial. Seu profundo conhecimento nas mais diversas áreas das ciências concedia-lhe o prêmio do homem mais sábio de sua geração. Desfrutou de todos os prazeres que a vida pôde lhe proporcionar. Desde os banquetes mais requintados aos vinhos mais caros. Desde as vestes mais brilhantes às aventuras amorosas mais quentes. Tudo que Salomão fez recebeu o carimbo da superlatividade. Suas taças cheias de prazer estavam transbordando e ele bebeu todas elas a largos sorvos até a última gota. Não negou a si mesmo nenhum prazer. Porém, tudo que granjeou, tudo que alcançou, tudo que experimentou, tudo que jogou para dentro de seu coração sedento de prazer, debaixo do sol, não pôde atenuar sua ânsia por aquilo que estava acima do sol. Deus havia colocado a eternidade em seu coração e os prazeres efêmeros deste mundo não passavam de vaidade, uma mera bolha de sabão dançando diante dos seus olhos no mar do nada.

Salomão vai fazer uma peregrinação exaustiva pelos caminhos da vida. Vai tocar, sondar e experimentar muitas coisas, as mais altas e as mais baixas, as mais complexas e as mais simples, as mais distantes e as mais próximas, as mais táteis e as mais impalpáveis. Mas tudo acima dele, ao redor dele, abaixo dele e dentro dele, debaixo do sol, é marcado pela ausência crônica de sentido. Definitivamente, o homem não encontra razão superlativa para viver, mesmo

Prefácio

quando suas mãos se enchem de riquezas generosas. No seu peito ainda lateja a dor do vazio, mesmo depois de fazer as viagens mais paradisíacas, depois de ostentar as roupas de grifes mais caras e de comer nos restaurantes mais bem--conceituados do mundo.

Mesmo que os favores desta vida possam abrir largos sorrisos para o homem, a carranca do tédio continuará lhe assustando. Mesmo que ele more em casas palacianas, em apartamentos de luxo, com as paredes adornadas dos quadros mais famosos. Mesmo que seus pés sejam acariciados pelos tapetes mais macios e se banhe sob a aspersão generosa de água morna nos banheiros revestidos das louças mais caras, com torneiras banhadas de ouro. Mesmo que ele durma em camas de marfim, coberto por lençóis de fios egípcios e repouse sua cabeça em travesseiros de pena de ganso, sua alma não repousará sossegada.

Mesmo que sua fama chegue às alturas nefelibatas e seu nome se torne notório entre os homens; mesmo que o mundo se dobre aos seus pés num reconhecimento de sua grandeza majestática, ainda assim o homem continuará sendo atordoado por um vazio impreenchível, sorvendo o cálice amargo de uma vida fútil, numa maratona enfadonha rumo à vaidade, cujo troféu não passa de uma baforada quente, um vapor que se dissipa, uma bolha de sabão.

Por isso, Salomão, com larga experiência, nos toma pela mão e nos leva a reconhecer que o sentido da vida não está debaixo do sol, mas acima dele. Não está no mundo, mas em Deus. A suma de tudo é temer a Deus e guardar os seus mandamentos; este é o dever de todo homem (Ec 12:13).

Notas

[1] EATON, Michal E. *Eclesiastes*. São Paulo: Vida Nova, 2017, p. 14.

Introdução

A *Septuaginta* usou o termo grego *Ecclesiastes*, que as traduções em inglês e português transpuseram como o nome do livro. O termo designa "um membro da *ecclesia*, a assembleia dos cidadãos na Grécia. Já no início da era cristã, *ecclesia* era o termo usado para se referir à Igreja.[1] Eclesiastes não é meramente uma coletânea de experiências de um rei em crise. Este é um livro inspirado pelo Espírito Santo como os demais livros das Escrituras. Eclesiastes nos ensina sobre a vida real num mundo caído.[2] Haroldo Campos o chama de "um livro estranho".[3] Walter Kaiser Jr. chega a dizer que nenhum livro da Bíblia é tão difamado e mal interpretado quanto Eclesiastes. A avaliação mais frequente do livro se resume a termos negativos como niilista, pessimista, fatalista, cético, cínico, materialista, experimental, e assim por diante.[4] Renan, filósofo francês e crítico do cristianismo, chegou a dizer que ele é o único livro que os hebreus tinham produzido digno de figurar em qualquer biblioteca.[5]

Emílio Garofalo Neto declara que o livro aparenta conter um ceticismo, ou mesmo um pessimismo e mau humor que supostamente não deveriam ser parte da vida do povo de Deus. Eclesiastes muitas vezes é confuso para o leitor, pois, aparentemente, Salomão está negando coisas que são ensinadas em outras porções das Escrituras. Parece ser um livro que contradiz o resto da Palavra de Deus a respeito da vida e de tudo mais. A grande pergunta é: como é que Eclesiastes pode ser lido, entendido e pregado com deleite, e não apenas como a pílula dura de engolir que produz engasgos e dor de estômago?[6]

Sidney Greidanus, ainda nessa esteira de eruditos, chega a dizer que o livro de Eclesiastes é o mais difícil da Bíblia para se interpretar e pregar. Não há consenso entre os estudiosos acerca da autoria, do tempo em que foi escrito, onde foi escrito e por que foi escrito. Mesmo assim, omitir Eclesiastes da programação de pregação é uma grande perda para a Igreja.[7] Citando Leland Ryken, Greidanus diz que Eclesiastes é o livro mais contemporâneo da Bíblia. É um ataque satírico a uma sociedade aquisitiva, hedonista e materialista. Ele expõe a busca louca da satisfação no conhecimento, na riqueza, no prazer, no trabalho, na fama e no sexo.[8]

Philip Graham Ryken diz que algumas pessoas acreditam que Eclesiastes fala sobre a falta de sentido da existência humana. Mas isso não é verdade. Eclesiastes fala sobre a falta de sentido da existência humana sem Deus.[9]

Introdução

Portanto, concordo com Walter Kaiser Jr., quando diz que o livro de Eclesiastes não é obscuro como querem alguns teólogos.[10] Esses paladinos da dúvida querem torná-lo obscuro. O livro possui injunções éticas e espirituais claras: 1) temer a Deus (3:14; 5:7; 7:18; 8:12,13; 12:3); 2) receber todas as coisas boas da vida como um presente de Deus (2:24-26; 5:18,19; 8:15; 9:7-9); 3) Deus julgará o justo e o perverso (3:17; 8:12,13; 11:9; 12:7b; 12:14); 4) Deus examina a qualidade do estilo de vida de cada ser humano (3:15b; 5:6b; 7:29; 8:5; 8:13; 11:9b; 12:1).[11]

Nessa mesma linha de pensamento, Sidney Greidanus diz que em Eclesiastes Deus é o grande criador (12:1) que fez e ainda faz todas as coisas (11:5). Ele estabeleceu os tempos e fez tudo formoso no seu devido momento (3:11). Deu ao ser humano seu fôlego (12:7) e o fez reto, mas o homem se meteu em muitas astúcias (7:29). Fez o dia da prosperidade e o dia da adversidade (7:14). Deus nos dá os dias de vida (5:18; 8:15), riquezas e bens e a capacidade de usufruir deles e até de encontrar prazer no trabalho árduo (5:19; 6:2). Ele dá sabedoria, conhecimento e prazer (2:26), bem como sentenças coligidas de sabedoria (12:11). Quer que as pessoas desfrutem a vida, pois de antemão se agrada de suas obras (9:7). Ele prova as pessoas (3:18), não se agrada de tolos (5:4) e pode ficar irado (5:6). Responsabiliza as pessoas por suas ações e julgará o justo e o ímpio (3:16; 11:9; 12:14). Portanto, as pessoas devem se alegrar em todos os seus anos (11:9), lembrar-se de seu criador (12:1), temer a Deus (3:14; 5:7; 7:18; 8:12) e cumprir seus mandamentos (12:13).[12]

Tom Wolfe, depois de estudar cuidadosamente o livro, em arrojado arroubo declara: "Eclesiastes é a mais sublime flor da poesia, eloquência e verdade, a maior obra de escrita que jamais conheci".[13]

Autor do livro de Eclesiastes

Adolpho Wasserman diz que o autor de Eclesiastes tinha três nomes: Salomão, Gedidias (2Sm 12:24,25) e Pregador (aquele que acumulou sabedoria). Ele compôs três obras: Provérbios, Eclesiastes e Cântico dos Cânticos. Teve três etapas em sua vida: grande riqueza e abundância (1Rs 10:21), imensa sabedoria (1Rs 5:10) e assentou-se no trono do Senhor (1Cr 29:23).[14]

John MacArthur diz que o perfil autobiográfico do livro aponta de modo inequívoco para Salomão. As evidências são muitas, tais como: 1) Os títulos indicam Salomão, "filho de Davi, rei em Jerusalém" (1:1), e "rei de Israel em Jerusalém (1:12); 2) a odisseia moral do autor narra a vida de Salomão (1Rs 2-11); 3) o papel daquele que "ensinou conhecimento ao povo" e escreveu "muitos provérbios" (12:9) correspondem à sua vida. Tudo isso aponta para Salomão, o filho de Davi, como o autor.[15]

Salomão, o autor de Eclesiastes, se apresenta com o pseudônimo *Pregador*. Embora seu nome não apareça nenhuma vez no livro, pela descrição que faz de si mesmo, concluímos que se trata, de fato, de Salomão. Ele se apresenta como filho de Davi (1:1), rei de Jerusalém (1:1) e rei de Israel (1:12). Afirma ter grande riqueza e sabedoria (1:13; 2:1-11), o que confere com 1Reis 3:3-15; 4:20-34.

É digno de nota que a autoria salomônica foi amplamente aceita desde os primórdios da Igreja tanto pela tradição judaica como pela tradição cristã até épocas relativamente recentes.[16] Martinho Lutero foi o primeiro a negar

Introdução

sua autoria. Sidney Greidanus diz que depois que Lutero rejeitou Salomão como único autor de Eclesiastes, as comportas de especulação se abriram.[17] Com o advento da alta crítica, muitos estudiosos liberais passaram a questionar e até mesmo a negar a autoria do filho de Davi. Porém, autores conservadores como Gleason Archer, O. P. Robertson e Walter Kaiser resistiram aos ataques liberais e ofereceram refutações satisfatórias às suas críticas.

Muitos questionam o fato de Salomão ter se apresentado como "pregador" (1:1) em vez de usar seu próprio nome como fez com o livro de Provérbios (Pv 1:1). Emílio Garofalo Neto diz que uma hipótese que faz sentido é a de que ele está falando para toda a humanidade, e não apenas aos seus súditos israelitas, numa espécie de pronunciamento oficial.[18] Salomão está falando a toda a humanidade, ou seja, a todos os filhos de Adão, e não apenas aos filhos de Abraão. A palavra hebraica *qoheleth*, traduzida como "pregador", é uma designação do orador oficial que convoca uma assembleia. A palavra também transmite a ideia de argumentar, não tanto com os ouvintes, mas consigo mesmo. O Pregador apresentou um tema e, então, o discutiu a partir de vários pontos de vista; por fim, chegou a uma conclusão prática.[19]

Antônio Neves de Mesquita diz que a palavra *qoheleth* vem da raiz hebraica que significa "chamar, convidar, tirar de fora para dentro". Tem o mesmo sentido do verbo grego *caleo*, em referência à chamada para o serviço religioso.[20] Como *qoheleth*, Salomão sobe a um nível mais alto e fala não apenas como o rei de Israel, mas como o convocador da humanidade.[21]

15

Os destinatários do livro de Eclesiastes

Sidney Greidanus diz que a evidência interna oferece algumas pistas a respeito dos leitores originais desse livro. Alguns de seus leitores tinham acesso ao rei (8:3), dedicavam-se à busca da sabedoria (1:12-18) e tinham ou buscavam riqueza (5:10-17). Essas pessoas ainda deviam viver nas proximidades de Jerusalém e do templo (5:1). Os leitores estavam preocupados com dinheiro. Muitas das palavras usadas neste livro são do mundo do comércio. Os congregantes do Pregador estavam aparentemente preocupados com todos os tipos de questões sociais e econômicas — a volatilidade da economia, a possibilidade de riqueza, herança, posição social, a fragilidade da vida e a sempre presente sombra da morte.[22]

Data em que foi escrito Eclesiastes

Michael Eaton diz que o livro de Eclesiastes provê pouquíssimos indícios a respeito de sua data.[23] Mas é muito provável que Salomão o escreveu no final de sua vida, depois de ter experimentado as muitas decepções da vida e de ter se voltado para o Senhor (12:13). O livro pode parecer uma coletânea aleatória de ideias variadas sobre diversos assuntos, mas Salomão garante que seu texto foi escrito de modo ordenado (12:9).[24]

Os vocábulos mais importantes de Eclesiastes

Para uma melhor compreensão de sua mensagem, os diversos vocábulos usados pelo autor nesse livro devem ser entendidos. Vejamos:

Em primeiro lugar, *vaidade de vaidades*. Esta expressão é usada 35 vezes na obra. A palavra hebraica *hevel*, traduzida por "vaidade", significa vazio, futilidade, vapor. Quando a palavra vem repetida, "vaidade das vaidades", está colocando a ideia no grau superlativo.

Em segundo lugar, *debaixo do sol*. Esta expressão aparece 27 vezes no livro. Outra expressão semelhante também é usada: "debaixo do céu" (1:13; 2:3; 3:1). Essas expressões significam a perspectiva do escritor num olhar puramente terreno.

Em terceiro lugar, *proveito*. O vocábulo hebraico, *yitron*, traduzido por "proveito", é usado 10 vezes em Eclesiastes (1:3; 2:11,13). Seu significado é "aquilo que resta", "vantagem" ou "ganho". A palavra não é usada nenhuma outra vez no Antigo Testamento.

Em quarto lugar, *trabalho*. Há muitos vocábulos no hebraico traduzidos como "trabalho". Só a palavra *amal* é usada 23 vezes no livro. Significa "labutar até à exaustão, mas sem o sentimento de realização".

Em quinto lugar, *homem*. Salomão usa os termos *adam* (Gn 1:26; 2:7,19) e *adama* (2:7; 3:19) 35 vezes ao analisar o homem "debaixo do sol".

Em sexto lugar, *mal*. Este termo é usado 31 vezes. É traduzido por "enfadonho" (1:13; 4:8); "grave mal" (5:13); "arruinar" (8:9); "penoso" (10:13); "adversidade" (7:14,15), "mal" (8:6). Este é um termo muito usado por Salomão para descrever a vida debaixo do sol.

Em sétimo lugar, *gozo*. Salomão usa este termo umas 17 vezes em Eclesiastes. O autor enfatiza a necessidade de aceitar as dádivas de Deus e usufruí-las (2:24; 3:12-15,22; 5:18-20; 8:15; 9:7-10; 11:9,10).

Em oitavo lugar, *sabedoria*. A sabedoria, em Eclesiastes, está em oposição à loucura. O termo aparece 54 vezes no livro. Mesmo sendo o rei mais sábio e aplicando seu coração na busca da sabedoria, conclui que a suma de tudo é temer a Deus e obedecê-lo.

Em nono lugar, *Deus*. Salomão menciona Deus 40 vezes em Eclesiastes, usando sempre a palavra hebraica *Elohim*, o Deus Todo-poderoso, criador dos céus e da terra, e nunca *Yahweh*, o Deus da aliança.

A organização do livro de Eclesiastes

O livro tem um prólogo (1:1-11) e um epílogo (12:8-14), e isso está claro. Entretanto, o recheio, o que está entre a abertura e o fechamento, não desfruta de consenso entre os estudiosos. Antônio Neves de Mesquita diz que o livro de Eclesiastes consta de uma série de discursos falados ao povo e depois reunidos em um volume, sem observância cronológica ou mesmo lógica.[25] Mas Michael Eaton diz que Eclesiastes não é apenas uma coleção de material a respeito de sabedoria; é, também, uma narrativa.[26] No entendimento de Harper, Eclesiastes é como um diário no qual um homem registrou suas impressões de tempos em tempos.[27] Porém, concordo com Emílio Garofalo quando diz que é imprescindível crer que se trata de um livro cuidadosamente planejado, e não um mero rompante de ideias de um homem frustrado ventilando sua confusão.[28]

O enigma de Eclesiastes

Michael Eaton diz que o maior problema de interpretação do Eclesiastes é compreender as aparentes contradições internas e vicissitudes de pensamento. Às vezes, o Pregador parece estar deprimido, pessimista, como se fora um esqueleto numa festa; tudo cai sob seu sarcasmo chicoteante: o riso, a bebida, as posses, o sexo, o trabalho, a sabedoria, as riquezas, a honra, as crianças, até mesmo a retidão. Entretanto, em outras ocasiões, ele nos admoesta a que gozemos a vida, que não há nada melhor do que comer bem, gozar nosso trabalho, receber com alegria as riquezas que Deus nos dá, e ficar contentes se ele não nos conceder riquezas. Às vezes, ele parece estar jogando fora tudo que tinha máxima importância para Israel; em outras ocasiões, vemos o ponto de vista tradicional de Deus como mantenedor e juiz de todas as coisas, doador da vida aos homens, que pode ser adorado no ponto central de Israel, o templo.[29]

Estou inclinado a crer que o propósito do Pregador era evangelístico. O objetivo de Salomão era o de despertar o coração das pessoas para as coisas acima do sol, revelando a elas a futilidade das coisas debaixo do sol. Michael Eaton, citando o puritano C. Bridges, escreve: "Tivemos permissão de provar o amargo absinto das correntes terrenas, a fim de que, ao chegar à fonte celestial, possamos apontar a nossos companheiros pecadores o mundo de vaidades que acabamos de deixar, e a glória e os deleites infinitos do mundo que acabamos de descobrir".[30]

O autor de Eclesiastes enfeixa no temor do Senhor o resumo de tudo o que escreveu (12:13). Resta claro, portanto, afirmar que o temor do Senhor que ele recomenda (3:14; 5:7; 8:12; 12:13) não é apenas o princípio da sabedoria; é, também, o princípio da alegria, da satisfação e de uma vida cheia de energia e de propósito. Assim, o Pregador deseja livrar-nos da confiança nas glórias deste mundo, para confiarmos plenamente em Deus, pois só nele a vida faz sentido e se torna coerente.

A importância do livro de Eclesiastes

Walter Kaiser Jr. diz acertadamente que Eclesiastes é a melhor notícia de todas para o perplexo e confuso homem pós-moderno. É um livro para pessoas que querem voltar a viver — agora. É o livro da pessoa que trabalha: ele responde ao tédio e à solidão residuais da pós-modernidade, principalmente para aqueles que estão cansados da rotina de, com tristeza, comer, beber, e receber salário — sem qualquer senso de prazer em todo esse processo ou, em havendo algum, sem saber de onde vem, e muito menos o que isso significa. Não é de surpreender, portanto, que de todos os livros da Bíblia lidos por estudantes de ensino médio e superior hoje em dia, este é o que, com frequência, mais os empolga.[31]

Philip G. Ryken diz que deveríamos estudar Eclesiastes por algumas razões: 1) Porque é honesto sobre as dificuldades da vida — representa a futilidade e a frustração de um mundo caído. É honesto sobre a dureza do trabalho, sobre a injustiça do governo, sobre a insatisfação do prazer tolo e sobre o tédio entorpecedor da vida cotidiana. 2) Para aprender o que acontecerá conosco se escolhermos aquilo que o mundo nos oferecer no lugar daquilo que Deus nos dá. 3) Porque o livro faz as perguntas maiores e mais difíceis que as pessoas ainda fazem hoje — Qual é o sentido da vida? Por que estou tão infeliz? Deus realmente importa? Por que existe tanto sofrimento e tanta injustiça no mundo? Vale a pena viver a vida? 4) O livro nos ajudará a adorar o Deus vivo e verdadeiro. Eclesiastes apresenta o Deus criador poderoso e Senhor soberano. 5) O livro nos ensina como viver para Deus e não apenas para nós mesmos — Eclesiastes nos dá muitas instruções específicas sobre sabedoria, dinheiro, sexo, poder e morte.[32]

O propósito do livro de Eclesiastes

O epílogo é, nas palavras de Walter Kaiser Jr., a chave mais importante para aquilo que o livro pretende fazer.[33] Eclesiastes chama a atenção para o fato de que Deus trará a juízo todas as obras, até mesmo aquelas que estão escondidas, quer sejam boas, quer sejam más (11:9; 12:14). Portanto, o resumo de todo o ensinamento do livro e o seu supremo propósito é levar o leitor a temer a Deus e a obedecer aos seus mandamentos (12:13). Sidney Greidanus corrobora, dizendo: "O tema do livro é temer a Deus para transformar uma vida vã, vazia, em uma vida significativa que desfruta das dádivas de Deus".[34] O mesmo autor escreve:

> O propósito geral do Pregador seria encorajar seus leitores a rejeitar a cosmovisão secular e a fazer de Deus o ponto focal de sua vida. O Pregador deseja nos libertar de uma vida rósea, autoconfiante e sem Deus, com seu inevitável cinismo e amargor, e da confiança na sabedoria, no prazer, na riqueza e na justiça ou integridade humana. Ele deseja nos levar a ver que Deus está lá, que ele é bom e generoso, e que somente esta perspectiva torna a vida coerente e satisfatória.[35]

Como pregar Cristo a partir de Eclesiastes

Cristo é a sabedoria de Deus (1Co 1:24,30). A Escritura testifica dele (Jo 5:39). Portanto, mesmo Eclesiastes não apresentando nenhuma promessa messiânica, devemos pregar Cristo a partir dele. Sidney Greidanus diz que na progressão histórico-redentiva, o autor de Eclesiastes embora reconheça que haja um juízo final (3:17;8:12,13; 11:9), não conhece a ressurreição dos mortos (3:19-21; 9:5). Esse pressuposto de morte como ponto final muda drasticamente quando a história da redenção se move para frente, para a ressurreição de Jesus (Jo 11:25,26). O Pregador se propôs a ensinar a sabedoria, mas Cristo nos é apresentado como a sabedoria de Deus (1Co 1:30) e aquele em quem todos os tesouros da sabedoria e do conhecimento estão ocultos (Cl 2:3). O Pregador afirma que tudo é vaidade e o homem não tem proveito de seu trabalho debaixo do sol (1:2,3). Por contraste, o Novo Testamento ensina que no Senhor o nosso trabalho não é vão (1Co 15:58).

Notas

[1] HARPER, A. F. *O livro de Eclesiastes*. In *Comentário bíblico Beacon*, vol. 3, 2015, p. 429.
[2] NETO, Emílio Garofalo. *Isto é filtro solar: Eclesiastes e a vida debaixo do Sol*. Brasília: Monergismo, 2020, p. 34.
[3] CAMPOS, Haroldo. *Eclesiastes*. São Paulo: Perspectiva Ltda, 2019, p. 17.
[4] KAISER JR., Walter C. *Eclesiastes*. São Paulo: Cultura Cristã, 2015, p. 12.
[5] MESQUITA, Antônio Neves. *Eclesiastes e Cantares de Salomão*. Rio de Janeiro: JUERP, 1977, p. 7.
[6] NETO, Emílio Garofalo, *Isto é filtro solar*, p. 30-31.
[7] GREIDANUS, Sidney. *Pregando Cristo a partir de Eclesiastes*. São Paulo: Cultura Cristã, 2017, p. 19.
[8] _____. *Pregando Cristo a partir de Eclesiastes*, 2017, p. 20.
[9] RYKEN, Philip G. *Eclesiastes*. São Paulo: Cultura Cristã, 2017, p. 10.
[10] KAISER JR., Walter C. *Eclesiastes*. São Paulo: Cultura Cristã, 2015, p. 12.
[11] _____. *Eclesiastes*. São Paulo: Cultura Cristã, 2015, p. 13.
[12] GREIDANUS, Sidney. *Pregando Cristo a partir de Eclesiastes*. São Paulo: Cultura Cristã, 2017, p. 23.
[13] WOLFE, Tom. *A Time to Die*. Nova Iorque: Harper and Row, 1973, p. ix.

Introdução

[14] WASSERMAN, Adolpho. *O livro de Eclesiastes*. São Paulo: Maayanot, 2021, p. VII.
[15] MACARTHUR, John. *Manual bíblico MacArthur*. Rio de Janeiro: Thomas Nelson, 2015, p. 210.
[16] HARPER, A. F. *O livro de Eclesiastes*. In *Comentário bíblico Beacon*, vol. 3, 2015, p. 429.
[17] GREIDANUS, Sidney. *Pregando Cristo a partir de Eclesiastes*. São Paulo: Cultura Cristã, 2017, p. 25.
[18] NETO, Emílio Garofalo. *Isto é filtro solar*, p. 35.
[19] WIERSBE, Warren W. *Comentário bíblico expositivo*. Vol. 3. 2006, p. 452.
[20] MESQUISTA, Antônio Neves. *Eclesiastes e Cantares de Salomão*. 1977, p. 12.
[21] NETO, Emilio Garofalo. *Eclesiastes e a vida debaixo do sol*, 2020, p. 36,37.
[22] GREIDANUS, Sidney. *Pregando Cristo a partir de Eclesiastes*, 2017, p. 27.
[23] EATON, Michael E. *Eclesiastes*, 2017, p. 21.
[24] WIERSBE, Warren W. *Comentário bíblico expositivo*. Vol. 3. 2006, p. 452.
[25] MESQUITA, Antônio Neves. *Eclesiastes e Cantares de Salomão*, 1977, p. 13.
[26] EATON, Michael E. *Eclesiastes*, 2017, p. 26.
[27] HARPER, A. F. *O livro de Eclesiastes*. Em *Comentário bíblico Beacon*. Vol. 3, 2015, p. 430.
[28] NETO, Emilio Garofalo. *Eclesiastes e a vida debaixo do sol*, 2020, p. 37.
[29] EATON, Michael E. *Eclesiastes*, 2017, p. 41.
[30] EATON, Michael E. *Eclesiastes*, 2017, p. 43.
[31] KAISER JR., Walter C. *Eclesiastes*, 2015, p. 9,10.
[32] RYKEN, Philip Graham. *Eclesiastes*, 2017, p. 15,16.
[33] KAISER JR., Walter C. *Eclesiastes*, 2015, p. 18.
[34] GREIDANUS, Sidney. *Pregando Cristo a partir de Eclesiastes*, 2017, p. 38.
[35] GREIDANUS, Sidney. *Pregando Cristo a partir de Eclesiastes*, 2017, p. 38.

Capítulo 1

A vaidade da vida debaixo do sol

(Ec 1:1-11)

ECLESIASTES É RECONHECIDAMENTE UM LIVRO COMPLICADO. SEMPRE FOI. Uns acham que ele é cronicamente pessimista; outros colocam em xeque até mesmo sua inspiração.[1] Nosso entendimento, porém, é que a obra nos ajuda a entender a futilidade da vida sem Deus, tomando-nos pela mão e levando-nos a reconhecer nossa absoluta necessidade do evangelho de Cristo. Concordo com Ryken quando diz que esta é a razão mais importante de todas para estudá-lo.[2]

O Pregador (1:1)

O livro de Eclesiastes abre suas portas com a apresentação do autor: "Palavra do Pregador, filho de Davi, rei de Jerusalém" (1:1). Embora alguns eruditos questionem a autoria salomônica, a natureza do livro, bem como o contexto interno da obra (12:9), assim como o testemunho da vasta maioria dos estudiosos, ao longo dos séculos, aponta Salomão como o autor de Eclesiastes. Essa é a nossa inabalável convicção.

É evidente que Salomão é o único filho imediato do rei Davi que reinou depois dele em Jerusalém. Ainda, as palavras de Eclesiastes 1:16 aplicam-se, exclusivamente, a Salomão: "Eis que me engrandeci e sobrepujei em sabedoria todos os que antes de mim existiram em Jerusalém...".

Conforme já expusemos na introdução, em Eclesiastes o Pregador é uma espécie de pseudônimo de Salomão. A palavra *qoheleth* é um termo hebraico traduzido por "mestre", "professor" ou "pregador". Trata-se de alguém que tem uma mensagem a transmitir a um grupo, a uma audiência, a uma assembleia reunida. Por isso, o nome *Eclesiastes* é uma palavra que deriva de *Ecclesia*, termo traduzido no Novo Testamento como "igreja". O Pregador está se dirigindo à sua congregação. Ryken chega a dizer que o *qoheleth* não é tanto um mestre numa sala de aula, mas um pastor em uma igreja. Ele está pregando sabedoria de Deus a um ajuntamento do povo de Deus.[3] Resta claro afirmar, portanto, que a vaidade não tem a última palavra em Eclesiastes, pois o Pregador diz: "De tudo o que se tem ouvido, a suma é: Teme a Deus e guarda os seus mandamentos; porque este é o dever de todo homem" (12:13).

Até esse desfecho final do livro, Salomão viveu de forma intensa suas muitas experiências. Ele experimentou tudo de forma superlativa. Foi o homem mais rico e, também, o mais sábio de sua geração. Foi o mais famoso e, também, viveu as aventuras mais inusitadas. Ele desceu das alturas excelsas ao fundo do poço, chegando a envolver-se, até o pescoço, com abomináveis idolatrias. Suas aventuras amorosas perverteram seu coração. Muito deste livro retrata essa jornada da glória à queda e sua escalada da queda à sua restauração.

Concordo com Michael Eaton, quando diz que o Pregador desfaz a confiança na visão secular da vida, convidando seus leitores a tomar consciência de alguns fatos básicos: a futilidade da vida (1:2), suas consequências para o homem (1:3), a impossibilidade de alguém livrar-se do reino terreno, em que o problema se desenvolve (1:4) e as implicações que tudo isto traz para a visão que o homem tem da natureza (1:5-7) e da história (1:8-11).[4]

O conceito secularista da vida (1:2)

O Pregador, depois de se apresentar, vai direto ao tema do livro: "Vaidade de vaidades, diz o Pregador; vaidade de vaidades, tudo é vaidade" (1:2). O autor fará aqui uma abordagem secularista. Ele falará da criação sem fazer referência a Deus. Nas palavras de Sidney Greidanus, "o seu mundo não reflete a glória transcendente de Deus nem sua presença imanente. Ele refletirá sobre o mundo no nível horizontal, o mundo sem Deus".[5]

A repetição na língua hebraica é usada para dar ênfase. O que ele quer transmitir é que tudo é consumada vaidade. Tudo é vaidade num sentido pleno e em grau superlativo. A palavra hebraica *hevel*, traduzida por "vaidade", significa "sopro", "vento", "vapor". Refere-se àquilo que é passageiro, transitório, insubstancial, fugaz e inútil.

Warren Wiersbe diz que provavelmente o nome "Abel" venha do mesmo radical (Gn 4:2). Tudo o que desaparece rapidamente sem deixar qualquer vestígio pode ser considerado *hevel,* vaidade.[6] O Pregador fará ecoar esta declaração-chave, entre 1:2 e 12:8, cerca de 30 vezes. Nas palavras de Michael Eaton a "vaidade" caracteriza todas as atividades humanas (1:4; 2:11); a alegria (2:1) e a frustração (4:4,7,8; 5:10) da mesma maneira, a vida (2:17; 6:12; 9:9), a juventude (11:10) e a morte (3:19; 11:8), os destinos dos sábios e dos tolos (2:15,19), dos diligentes e dos preguiçosos (2:21,23,26).[7]

Muito embora o renomado estudioso Walter Kaiser Jr, na contramão da maioria dos expositores, opte por um termo como "transitoriedade"[8] para definir "vaidade", entendemos que Salomão está falando não apenas sobre algo transitório e efêmero, mas, também, sobre algo fútil e inútil, aquilo que não faz sentido e parece absurdo. Garofalo, citando Peter Leithart, diz que "nossos projetos não são castelos de areia na praia. Essa imagem, para Salomão, sugeriria algo sólido e permanente demais. Nossos projetos são castelos de nuvem num dia com vento".[9] A vida é frágil e efêmera. Tudo não passa de vaidade, uma névoa que se dissipa, um vapor que se esvai. A visão secularista da vida, portanto, é marcada por um pessimismo crônico. Tudo não passa de uma bolha de vento no mar do nada.

Quando o Pregador diz que tudo é vaidade, ele está demonstrando que não existe um único aspecto da existência humana que não seja frustrado pela futilidade. Tudo é vazio, sem sentido, inútil e absurdo.[10]

Michael Eaton diz, corretamente, que se olharmos para a vida sem referi-la a Deus, o mundo em que nos encontramos é um caos destituído de significado e progresso (1:2-11). Nada nos habilitará a viver felizes: nem a sabedoria (1:12-18), nem o prazer (2:1-11).[11]

O conceito secularista do trabalho (1:3)

Depois de olhar com as lentes embaçadas do pessimismo todas as coisas, sumarizando-as na palavra "tudo" (1:2), o Pregador detalha sua visão secularista do trabalho: "Que proveito tem o homem de todo o seu trabalho, com que se afadiga debaixo do sol?" A palavra hebraica *yitrôn*, "proveito", é um termo comercial, que aparecerá mais 8 vezes em Eclesiastes. A vida não paga dividendos. Ryken diz que o termo se refere a um excedente, a algo que sobra após o pagamento de todas as despesas. Essa é a meta que todos que trabalham no comércio tentam alcançar. A meta é obter um lucro como recompensa pelo trabalho. O ganho é o retorno sobre o investimento do duro trabalho.[12]

Já a palavra *'amal*, "trabalho", denota labor físico ou angústia mental. Esta palavra aparecerá mais 22 vezes em Eclesiastes. A expressão *tahat hassames*, "debaixo do sol", que só aparece em Eclesiastes, é encontrada 2 vezes nesta passagem (1:3,9), e será repetida 29 vezes em Eclesiastes.

A ênfase do autor é no esforço infrutífero. Para que o homem trabalha à exaustão? O que ele alcança? Por mais que ele acumule o fruto do seu trabalho, ele não pode reter nada nem levar o que granjeou. O homem se entrega a uma azáfama intérmina e, ao fim, nenhum proveito tira de todo esse esforço. Do mais rico empresário ao mais humilde trabalhador, todos labutam à exaustão e ao fim não veem proveito do seu trabalho.

Concordo com Michael Eaton, quando escreve: "Se nossa visão da vida não for mais longe do "debaixo do sol", todos os nossos esforços terão um sobretom de miséria".[13] Ryken tem razão em dizer que não existiria figura melhor do que o rei Salomão para ilustrar a futilidade de uma vida sem Deus. O homem possuía tudo o que uma pessoa pudesse desejar. Mas o mundo não basta. Se ele não pode satisfazer o rei mais rico e mais sábio, também não satisfará qualquer outra pessoa.[14]

Sidney Greidanus diz que o Pregador se dirige a israelitas que estavam preocupados com todos os tipos de questões sociais e econômicas — a volatilidade da economia, a possibilidade de riqueza, herança, posição social, a fragilidade da vida e a sempre presente sombra da morte. Eles viviam longe de Deus, mas perto do mercado, com seu interesse por "proveito". Certamente o objetivo do Pregador é advertir Israel que, sem Deus, não haverá qualquer proveito de seu trabalho.[15]

A mesmice das gerações, andando em círculos (1:4)

Após avaliar a vida e o trabalho, agora, o Pregador vai abordar a eterna mesmice das gerações no versículo 4: "Geração vai e geração vem; mas a terra permanece para sempre". A geração contemporânea vive, basicamente, os mesmos desafios, conflitos e anseios das gerações passadas. Os problemas mudam de forma, mas não de essência. As mesmas lutas, as mesmas necessidades, os mesmos anseios, as mesmas frustrações atingem a nós como atingiram os que viveram séculos antes de nós. Geração após geração lida com os mesmos dilemas, trava as mesmas batalhas, comete os mesmos pecados, enquanto a terra permanece a mesma. Como diz Harper, a Terra física é mais duradoura que a vida terrena do homem. Esta Terra não foi destinada a durar para sempre (2Pe 3:10), mas tem durado além de vidas terrenas de incontáveis gerações de homens.[16] Ryken diz que seja a geração X, a geração Y ou a geração Z, sempre há alguma geração que nos dá esperança para o futuro. Porém, Eclesiastes assume uma posição mais sombria. Uma geração pode estar emergindo, mas ao mesmo tempo, outra geração está morrendo. Em breve, a geração mais nova se tornará a geração mais velha, e haverá outra geração depois desta. É sempre a mesma coisa. O conflito de gerações também nunca parece mudar. Aos olhos da geração emergente, toda pessoa acima dos 30 anos parece antiquada e desconectada.[17] Na visão de Eclesiastes, o mundo é muito repetitivo. Nada muda. Estamos andando em círculos. Nas palavras de Warren Wiersbe, "indivíduos e famílias vêm e vão, nações e impérios se levantam e caem, mas nada muda, pois o mundo continua o mesmo".[18]

A mesmice da natureza, nada muda (1:5-7)

O Pregador vai afirmar que a mesmice é a marca da vida debaixo do sol: geração, sol, vento, rios, todas as coisas. Vejamos:

Em primeiro lugar, *a rotina do sol* (1:5). "Levanta-se o sol, e põe-se o sol, e volta ao seu lugar, onde nasce de novo". Desde que foi criado, o sol faz o mesmo trajeto, do leste ao oeste, sem mudar o seu percurso. Seu trabalho é uma rotina marcada pela mesmice. Nas palavras de Ryken "o sol dá suas voltas, mas nunca chega a lugar algum. Dia após dia, a bola de fogo no céu se levanta e se põe e se levanta novamente. Seu movimento é repetitivo, mas não progressivo, igual a vida".[19] É digno de nota que a palavra hebraica *sha'ap* traduzida por "volta" (1:5) é a mesma usada para "ofegar". Isso pode indicar que o sol corre do leste para o oeste e de volta para o leste e se cansa de sua jornada lenta e infinita pelo céu. Tudo que o *qoheleth* vê é simplesmente a monotonia da vida em um universo estático.[20]

Em segundo lugar, *a rotina do vento* (1:6). "O vento vai para o sul e faz o seu giro para o norte; volve-se, e revolve-se, na sua carreira, e retorna aos seus circuitos". Se o sol vai de leste ao oeste, o vento vai do norte ao sul e faz o seu giro do sul para o norte, volvendo e revolvendo-se na sua carreira contínua. Embora o vento sopre onde quer (Jo 1:8), ele sopra, passa e volta. Nas palavras de Ryken, "o vento segue suas correntes costumeiras. Dá suas voltas, seguindo seu curso circular, mas nunca alcança um destino. Por mais constante que seja o seu movimento, ele nunca progride".[21]

Em terceiro lugar, *a rotina dos rios* (1:7). "Todos os rios correm para o mar, e o mar não se enche; ao lugar para onde correm os rios, para lá tornam eles a correr". Os rios, sem exceção, fazem o mesmo percurso, das fontes ao mar e nunca inundam os mares nos quais desaguam, pois o processo de evaporação suga a água dos mares de volta para as nuvens, das quais a água cai sobre a terra para novamente encher os rios. Estes se enchem e correm de novo para o mar e isso, em todos os lugares, em todos os tempos. Nenhuma novidade nesse roteiro. Essa agenda nunca muda.

Essa mesmice está presente na vida dos seres que voam, aquáticos e terrestres. Não é diferente na vida humana. Da concepção ao berço e do berço à sepultura, num ciclo intérmino, fazemos as mesmas coisas.

Michael Eaton está correto em dizer que "se tirarmos Deus, a criação já não refletirá sua glória, mas ilustrará o enfado da humanidade [...]. Se nossa perspectiva é meramente 'debaixo do sol', nenhuma doxologia pode ser entoada".[22] Porém, Deus muda as leis da natureza, a fim de fazer coisas grandes e maravilhosas! Ele ouve as orações e opera em favor do seu povo. Ele deteve o sol para que Josué pudesse terminar uma batalha (Js 10:6-14) e fez o sol retroceder como um sinal para Ezequias (Is 38:1-8). Abriu o mar Vermelho e o rio Jordão para Israel passar (Êx 14; Js 3—4). Reteve as chuvas para Elias (1Rs 17) e as fez cair novamente (Tg 5:17,18). Acalmou o vento e as ondas para os discípulos (Mc 4:35-41) e, no futuro, usará as forças da natureza para trazer um julgamento sobre o povo da Terra (Ap 6:12-17).[23]

A insatisfação crônica, nada satisfaz (1:8)

Depois de tratar da mesmice da natureza, o Pregador aborda a canseira que essa mesma mesmice produz na própria vida. Vejamos: "Todas as coisas são canseiras tais, que ninguém as pode exprimir; os olhos não se fartam de ver, nem se enchem os ouvidos de ouvir" (1:8). A rotina cansa e, apesar disso, ainda produz uma insatisfação crônica. Essa canseira é tanta que não pode sequer ser descrita. Dois destaques são feitos:

Em primeiro lugar, *a insatisfação dos olhos*. Os olhos veem paisagens, imagens, cenários, filmes, seriados, reportagens, seres, pessoas e tudo que contemplam ainda não preenche a necessidade de ver mais e mais. Os olhos são insaciáveis. Continuamos a ver hoje o que vimos ontem e amanhã veremos o que vimos hoje. Nunca ficamos satisfeitos. Continuamos a ingerir mais e mais as mesmas imagens e jamais nos satisfazemos.

Em segundo lugar, *a insatisfação dos ouvidos*. Os ouvidos escutam sons, palavras, músicas, ruídos, lamentos e jamais se satisfazem. Tudo que ouvem não é o bastante para satisfazer sua necessidade crônica de ouvir mais. Nossos ouvidos não se contentam. Como o mar que não se enche com os rios, os olhos não se fartam de ver nem os ouvidos de ouvir.

A repetição da história, nada é novo (1:9-11)

O Pregador faz uma transição do corpo humano para a história e afirma que nela também não há novidade nem lembrança. Vejamos:

Em primeiro lugar, *não há novidade* (1:9,10). "O que foi é o que há de ser; e o que se fez, isso se tornará a fazer; nada há, pois, novo debaixo do sol. Há alguma coisa de que se possa dizer: Vê, isto é novo? Não! Já foi nos séculos que foram antes de nós". Os tempos trazem roupagens diferentes, mas os fatos são sempre os mesmos: nascimento e morte, celebração e choro, conquistas e perdas; paz e guerra, acordos e conflitos, esperança e desespero. Lidamos com as mesmas necessidades das gerações passadas. Nutrimos os mesmos desejos. Reinos se levantam e caem. Nações se tornam poderosas e logo embriagam-se de luxúria para caírem e voltarem ao pó. Na gangorra do tempo as nações sobem e descem num ciclo vicioso. Ryken corrobora, dizendo: "Nações se levantam e caem, mas a natureza humana permanece a mesma. Há tempos de guerra e há tempos de paz, mas mesmo em tempos de paz sabemos que a guerra retornará. Na verdade, alguns conflitos parecem nunca acabar, como a luta eterna entre judeus e árabes pelo controle da Palestina".[24]

Avançamos na tecnologia e na ciência. Somos a geração da propulsão a jato, das viagens espaciais, da cibernética, da internet, das armas nucleares, da nanotecnologia, dos transplantes, mas nenhuma dessas conquistas abrandou as angústias da alma nem trouxe paz para o coração humano. Michael Eaton está correto ao afirmar que se Deus for deixado de lado, e a vida for vista sob o prisma "debaixo do sol", não pode haver nada novo; a história é um circuito fechado. Nem circunstâncias (*o que foi*) nem esforços humanos (*o que se fez*) pode mudar.[25]

Em segundo lugar, *não há lembrança* (1:11). "Já não há lembrança das coisas que precederam; e das coisas posteriores também não haverá memória entre os que hão de vir depois delas". Pessoas e acontecimentos caem no esquecimento. A poeira do tempo cobre tudo e todos. Garofalo escreve: "Sua fama atual não vai durar nem mesmo três gerações. Você sabe o nome de seus tataravôs e tataravós? Todos os dezesseis? Seus bisnetos não saberão seu nome. Seus tataranetos nem pensarão na sua existência. Você será apenas uma curiosidade fotográfica".[26]

John Lennon, o mais conhecido integrante da famosa banda "The Beatles", sendo entrevistado, certa vez, afirmou que o seu conjunto era mais famoso do que Jesus Cristo e que, por isso, ele não sabia dizer o que desapareceria primeiro no mundo — o rock ou o cristianismo. Onde estão os *Beatles* hoje? Quem pode citar o nome de todos os seus integrantes? Em breve, as novas gerações não saberão seus nomes nem conhecerão sua glória efêmera. Concordo com Ryken, quando diz: "A repetição enfadonha da vida termina com uma linha sobre a perda de memória (1:11). Vivemos aqui uma espécie de amnésia histórica".[27] Nas palavras de Sidney Greidanus, "o futuro não pode ser controlado, assim como o passado não pode ser plenamente lembrado".[28]

Nas palavras de Michael Eaton, "debaixo do sol, o passado, o presente e o futuro deixam de oferecer significado, não apresentam balizas. O homem secular confirma a máxima: Aquele que não aprende com a história está destinado a repeti-la".[29]

A aplicação cristocêntrica do texto

A chave hermenêutica para entendermos a passagem em tela está na expressão "debaixo do sol" (1:3). Essa expressão só aparece no livro de Eclesiastes. A vida debaixo do sol sempre será frágil, fugaz e carente de significado transcendente. Nas palavras de Ryken, "contemplar as coisas debaixo do sol significa vê-las do chão e assumir um ponto de vista terreno, deixando Deus de fora. Porém, esta não é a única maneira de ver as coisas nem é a melhor maneira de fazê-lo. Deus existe e ele está sobre o sol. Podemos ver as coisas do ponto de vista celestial".[30]

Eclesiastes abre a possibilidade para uma perspectiva "sobre o sol", que pode trazer alegria indizível e cheia de glória e renovo para a vida uma vez que tudo importa. Na perspectiva "sobre o sol", o astro rei não faz um percurso enfadonho, mais um desfile garboso, declarando a glória de Deus (Sl 19:1,5). A rotina do nascimento do sol até o ocaso não é uma jornada cansativa, mas um tempo oportuno para que o nome do Senhor seja louvado (Sl 113:3).

Nossas manhãs não são prelúdio de mais um dia enfadonho, mas um tempo bendito em que as misericórdias do Senhor se renovam a nosso favor (Lm 3:22,23). Há uma nova aliança no sangue de Jesus (Lc 22:20). Há um novo coração prometido aos que creem em Cristo (Ez 36:26). Podemos ser um novo homem (Ef 4:24) e uma nova criatura (2Co 5:17). A vida cristã não é o mesmo de sempre, pois Deus diz: "Eis que faço novas todas as coisas" (Ap 21:5). Deus fará novos céus e nova Terra (2Pe 3:13). Assim, as frustrações da vida não perdurarão para sempre. Deus enxugará dos nossos olhos toda lágrima. Então, não viveremos debaixo do sol, mas brilharemos como o sol, pois o Sol da Justiça está dentro de nós e entre nós.

Charles Bridge interpreta corretamente a estratégia do Pregador quando diz que ele nos faz sentir o gosto amargo do absinto de rios terrenos, para que, diante da fonte celestial, possamos apontar aos pecadores o mundo de vaidade que deixamos e para a glória e os prazeres do mundo novo que encontramos.[31]

John McAlister coloca essa gloriosa verdade assim:

> Deus não abandonou o ser humano na futilidade e inutilidade da vida sem sentido neste mundo. Séculos depois de Salomão, outro sábio surgiu na história, outro filho de Davi e rei de Israel, muito maior que Salomão, um Rei em quem estão escondidos todos os tesouros do conhecimento e da sabedoria (Cl 2:3). Ele mesmo veio corroborar a sabedoria de Eclesiastes, ensinando que quem quiser salvar e ganhar a sua vida neste mundo a perderá, pois de nada adianta ganhar o mundo inteiro e perder a alma (Mc 8:35,36) [...]. Em Jesus, o Filho de Deus, nossa vida jamais será inútil ou sem sentido. Afinal, ele é o próprio sentido da vida.[32]

Sidney Greidanus diz que, a partir desta passagem em tela, podemos pregar Cristo, mostrando a progressão histórico-redentiva. O Filho de Deus desceu do céu para nos dar a vida eterna e nos levar para uma dimensão acima do sol. Também podemos pregar Cristo a partir da analogia. O Senhor Jesus alertou para o valor da alma (Mt 16:26; Lc 12:16-21) e ordenou a trabalharmos por aquilo que é eterno (Jo 6:27). Olhar constantemente para o que é trivial cega os olhos para o esplendor do eterno, e sempre trabalhar por pérolas efêmeras rouba do coração a sua convicção na coroa da glória. Ainda, podemos pregar Cristo nesta passagem por contraste. Se debaixo do sol o trabalho é enfadonho e não tem nenhum proveito, em Cristo nosso trabalho não é vão (1Co 15:58).[33]

NOTAS

[1] NETO, Emílio Garofalo. *Eclesiastes e a vida debaixo do sol*. Brasília, DF: Editora Monergismo, 2020, p. 45.
[2] RYKEN, Philip Graham. *Eclesiastes*, 2017, p. 24.
[3] RYKEN, Philip Graham. *Eclesiastes*, 2017, p. 17.
[4] EATON, Michael A. *Eclesiastes*, 2017, p. 62.
[5] GREIDANUS, Sidney. *Pregando Cristo a partir de Eclesiastes*, 2017, p. 52.
[6] WIERSBE, Warren W. *Comentário bíblico expositivo*. Vol. 3, 2006, p. 452.
[7] EATON, Michael A. *Eclesiastes*, 2017, p. 62.
[8] KAISER JR, Walter C. *Eclesiastes*. São Paulo: Cultura Cristã, 2015, p. 48.
[9] NETO, Emílio Garofalo. *Eclesiastes e a vida debaixo do sol*, 2020, p. 49.
[10] RYKEN, Philip Graham. *Eclesiastes*, 2017, p. 20,21.

[11] EATON, Michael A. *Eclesiastes*, 2017, p. 61.
[12] RYKEN, Philip Graham. *Eclesiastes*, 2017, p. 26.
[13] EATON, Michael A. *Eclesiastes*, 2017, p. 63.
[14] RYKEN, Philip Graham. *Eclesiastes*, 2017, p. 19.
[15] GREIDANUS, Sidney. *Pregando Cristo a partir de Eclesiastes*, 2017, p. 53.
[16] HARPER, A. F. *O livro de Eclesiastes*. In *Comentário bíblico Beacon*. Vol. 3. Rio de Janeiro: CPAD, 2005, p. 433.
[17] RYKEN, Philip Graham. *Eclesiastes*, 2017, p. 28.
[18] WIERSBE, Warren W. *Comentário bíblico expositivo*. Vol. 3. 2006, p. 456.
[19] RYKEN, Philip Graham. *Eclesiastes*, 2017, p. 29.
[20] Idem.
[21] Ibidem.
[22] EATON, Michael A. *Eclesiastes*, 2017, p. 64,65.
[23] WIERSBE, Warren W. *Comentário bíblico expositivo*. Vol. 3. 2006, p. 457.
[24] RYKEN, Philip Graham. *Eclesiastes*, 2017, p. 31.
[25] EATON, Michael A. *Eclesiastes*, 2017, p. 66.
[26] NETO, Emílio Garofalo. *Eclesiastes e a vida debaixo do sol*, 2020, p. 56.
[27] RYKEN, Philip Graham. *Eclesiastes*, 2017, p. 32.
[28] GREIDANUS, Sidney. *Pregando Cristo a partir de Eclesiastes*, 2017, p. 64.
[29] EATON, Michael A. *Eclesiastes*, 2017, p. 68.
[30] RYKEN, Philip Graham. *Eclesiastes*, 2017, p. 34.
[31] BRIDGES, Charles. *Ecclesiastes*. Banner of Truth. Carlisle, PA. 1998, p. xiv-xv.
[32] MCALISTER, John. *O verdadeiro valor da vida*. São Paulo: Editora Vida Nova, 2021, p. 28,29.
[33] GREIDANUS, Sidney. *Pregando Cristo a partir de Eclesiastes*, 2017, p. 54-56.

Capítulo 2

O filósofo em busca do sentido da vida

(Ec 1:12-18)

A PASSAGEM EM TELA tem um tom pessoal. A seção foi escrita de forma autobiográfica. Aqui se encontra a busca da mente inquiridora, o esforço do homem que procura ver sua vida na sua totalidade e de forma estável.[1] Warren Wiersbe diz que Salomão deixa o papel de historiador e se transforma em filósofo, contando-nos como saiu em busca da resposta para o problema que o deixou perplexo.[2]

O Pregador, como um filósofo busca o sentido da vida. No versículo 2 ele já havia declarado o tema de sua obra. No versículo 3 já tinha dito que o homem não tem proveito do seu trabalho debaixo do sol. Agora, mostra que o sentido da própria vida é uma corrida inglória, como correr atrás do vento.

Michael Eaton chega a dizer que após o pessimismo de 1:2-11, as demais seções fecham todas as rotas de fuga. Será que alguém procurará refúgio na sabedoria? Ela simplesmente frustrará seus devotos seculares (1:12-18). Embora a sabedoria tenha valor, ela não conseguirá resolver os problemas da vida.[3] John McAlister, nessa mesma linha de pensamento, diz que a sabedoria humana sem Deus é inútil, porque além de não poder mudar a realidade ao nosso redor (1:12-15), ainda aumenta o nosso sofrimento e desgosto (1:16-18).[4]

O pregador se apresenta (1:12)

Está escrito: "Eu, o Pregador, venho sendo rei de Israel, em Jerusalém" (1:12). Num tom pessoal, o Pregador se apresenta, como rei de Jerusalém. Seu pai, Davi, e outros reis antes de Davi, no tempo dos jebuseus, governaram a cidade de Jerusalém. Sendo já um rei experimentado, como um veterano filósofo, está à procura do sentido da vida.

Concordo com Michael Eaton quando diz que dentre todos os homens, Salomão era o que tinha os melhores recursos para documentar suas investigações.[5] Foi botânico, zoólogo, filósofo, tudo quanto um homem poderia desejar na vida em matéria de inteligência e conhecimento. Construiu o mais majestoso templo da história e engrandeceu-se sobremaneira. Compilou muitos provérbios, no quais a sabedoria extravasa; tinha tudo quanto se pode imaginar de conhecimentos práticos para a vida. Ninguém o sobrepujou em sabedoria e conhecimento (1Rs 3:12).

Emílio Garofalo diz, com razão, que Salomão não era um estudioso arrogante que se achava douto, embriagado com o seu sucesso acadêmico a ponto de fazer do conhecimento o ídolo do seu coração. Ele mesmo alertou para esse perigo: "Não seja sábio aos teus próprios olhos" (Pv 3:7). Os sábios do Egito, Pérsia e Babilônia não se igualavam a ele.[6]

O enfadonho trabalho (1:13)

A busca intelectual do Pregador foi ampla e exaustiva. Ele não poupou esforços nem limitou o escopo de sua investigação. Ele se entregou por inteiro a essa busca e explorou a totalidade das diferentes dimensões da vida neste mundo em busca do sentido da vida. Ao fim, ele descreve a infelicidade, o vazio e a futilidade de seus esforços em compreender o universo. Hoje, ao contrário, conforme alerta John McAlister, vivemos uma espécie de preguiça mental e uma apatia intelectual.[7]

A busca de Salomão pelo sentido da vida tem algumas características:

Em primeiro lugar, *é uma busca sincera* (1:13a). "Apliquei o coração...". Ele aplicou o coração, isto é, ele foi fiel e fervoroso. Isso denota a vida interior, o centro das capacidades mentais, emocionais e espirituais.[8] Entregou-se por completo nessa busca. Dedicou toda a sua mente a essa questão, a fim de chegar a seu cerne.

Em segundo lugar, *é uma busca profunda* (1:13b). "... a esquadrinhar e a informar-me com sabedoria...". Ele aplicou o coração a esquadrinhar e a informar com sabedoria. Ele examinou a questão em todos os seus ângulos. Ele foi um grande sábio, o maior em sabedoria antes e depois dele.

Ele foi fundo nessa investigação. Os verbos "esquadrinhar" e "informar" indicam a seriedade da aplicação do autor. O primeiro significa "procurar profundamente", indo ao fundo das coisas; o segundo, "procurar extensivamente", com amplidão". Juntos dão a ideia de estudo exaustivo.[9]

Em terceiro lugar, *é uma busca abrangente* (1:13c). "... de tudo quanto sucede debaixo do céu...". Ele se pôs a pesquisar sobre tudo o que sucede debaixo do céu. Examinou todas as ciências e todas as áreas do saber. Resta claro afirmar que os objetivos do estudo de Salomão foram os recursos totais de uma visão secularizada, mundana, limitada; os aspectos verticais não estão em evidência, por enquanto.[10]

Em quarto lugar, *é uma busca enfadonha* (1:13d). "... este enfadonho trabalho impôs Deus aos filhos dos homens". Essa busca é, na verdade, um enfadonho trabalho que Deus impôs aos filhos dos homens, para nele os afligir. O verbo "impor" deixa claro que as pessoas podem viver de maneira secular, no reino terreal; contudo, os problemas que enfrentam foram ordenados por Deus, o Deus que reina nos céus. Esse é o trabalho que, por decreto divino, todo homem deve suportar: o problema da vida não é um *hobby* opcional.[11]

Fica evidente que a investigação de Salomão confronta a preguiça mental de uns e a prepotência intelectual de outros que tentam encontrar o sentido da vida sem Deus. O Pregador mostra que todo o nosso conhecimento não é suficiente para mudar o mundo.

A observação frustrada (1:14)

Salomão escreve: "Atentei para todas as obras que se fazem debaixo do sol, e eis que tudo era vaidade e correr atrás do vento" (1:14). Warren Wiersbe destaca que

Salomão, no laboratório da vida, experimentou vários prazeres físicos (2:1-3), realizou obras colossais e dispendiosas (2:4-6) e acumulou enormes riquezas (2:7-10), tudo isso, porém, só para descobrir que tudo não passava de vaidade e correr atrás do vento.[12] A humanidade, na sua busca pelo sentido da vida, acaba completamente frustrada.

Salomão observa com total atenção que todas as obras que se fazem debaixo do sol nunca satisfazem o coração. Tanto aqueles que trabalham exaustivamente como aqueles que buscam os prazeres açodadamente descobrem que tudo é vaidade.

Michael Eaton diz que a vida deste homem exclui Deus, para todos os propósitos práticos. Enfrenta problemas que julga serem insolúveis; a história é repetitiva e sem esperança. Portanto, o corolário imediato da tarefa ordenada por Deus, para ele, é frustração.[13]

Salomão, portanto, chega a duas conclusões:

Em primeiro lugar, *todas as obras são mero vapor* (1:14a). Tudo aquilo que o homem faz é vaidade, vapor, neblina, bolha de sabão. Trata-se de uma frustração diante do insolúvel. Tudo o que é feito debaixo do sol, sem Deus e longe dele é inútil, vazio e frustrante.

Em segundo lugar, *todas as obras não alcançam o sentido da vida* (1:14b). É como correr atrás do vento. Você nunca o alcança nem o controla. É como uma ambição pelo inatingível. É como correr atrás daquilo que não pode ser alcançado.

A constatação inequívoca (1:15)

O Pregador escreve: "Aquilo que é torto não se pode endireitar; e o que falta não se pode calcular" (1:15). Na sua detida observação, Salomão chega à conclusão de que existem distorções (aquilo que é torto) e vácuo (o que falta) no pensamento todo. Não importa a forma como o pensador pondera as coisas, ele não consegue solucionar as anomalias da vida, nem transpor tudo quanto vê para um sistema decente. Frustração e perplexidade rodeiam o filósofo. A sabedoria dele poderá ajudar, em alguns casos; contudo, não poderá resolver o problema fundamental da vida.[14] O Pregador filósofo chega a duas conclusões óbvias:

Em primeiro lugar, *aos homens há coisas que são impossíveis* (1:15a). O homem finito não tem poder para mudar aquilo que é torto. Warren Wiersbe escreve: "Se gastarmos nosso tempo e energia tentando retificar tudo o que está errado, não nos restarão forças para viver".[15]

Concordo com John McAlister quando diz que por mais que tentemos, não conseguiremos resolver tudo o que está errado ao nosso redor — em nossa vida, na nossa casa, na igreja, na sociedade e no mundo. A conta da nossa vida nunca fechará apenas pelos cômputos do raciocínio humano.[16] Nessa mesma linha de pensamento Ryken diz que temos discussões em casa, conflitos na igreja, injustiças no emprego, erros cometidos pelo governo, nossas próprias falhas morais, dificuldades financeiras, deficiências físicas — a lista não termina. Há sempre algo na vida que gostaríamos de endireitar e recuperar sua forma original. Algumas das nossas circunstâncias não podem ser corrigidas. Não importa quanto nos esforcemos, não podemos endireitá-las ou torcê-las em outra direção.[17]

Desde o Racionalismo, passando pelo Iluminismo, Positivismo, Materialismo, Existencialismo, os homens só descobrem que não podem consertar o mundo com seus próprios recursos. Há pessoas que não conseguimos administrar, problemas que não conseguimos resolver e desejos que não conseguimos satisfazer. Se tirarmos Deus da equação da vida, a conta não fecha! Emílio Garofalo pergunta: "Que adianta milhares de formandos todo ano em medicina, direito, administração e engenharia? Nosso país continua torto. E logo aparece outro desvio que ninguém imaginava".[18]

Olhando pela perspectiva cristã, afirmamos que nem sempre o passado pode ser mudado. Porém, embora ninguém possa voltar atrás e fazer um novo começo, qualquer um pode começar agora a fazer um novo fim.

Em segundo lugar, *aos homens é impossível calcular o que não existe*. Não podemos gastar aquilo que não temos. Não podemos contar com os ovos que a galinha ainda não botou. Nas palavras de Walter Kaiser Jr., "o problema requer uma solução maior do que a soma de todas as suas partes. Requer a intervenção de Deus".[19] Emílio Garofalo, interpretando esta passagem, escreve:

> O fato é que muito nos escapa e nem temos ideia do quanto perdemos. Perdemos cem por cento do tempo que não temos. Perdemos cem por cento das experiências que não tivemos. Perdemos cem por cento do dinheiro que não ganhamos, cem por cento dos amigos que não fizemos, cem por cento das oportunidades que não percebemos. Está faltando algo que é a chave para fechar a conta.[20]

É importante destacar que Salomão está observando as coisas na perspectiva "debaixo do sol", numa visão apenas horizontal da vida. Afirmamos em alto e bom som que Jesus, ao vir ao mundo, retificou o que estava errado e proveu o que estava em falta (Lc 13:11-17; Mt 12:10-13; 15:29-39; Jo 6:1-13).

O testemunho pessoal (1:16)

O Pregador escreve: "Disse comigo: eis que me engrandeci e sobrepujei em sabedoria a todos os que antes de mim existiram em Jerusalém; com efeito, o meu coração tem tido larga experiência da sabedoria e do conhecimento" (1:16). Salomão dá testemunho de sua própria sabedoria. Ele a pediu a Deus e a recebeu. Foi o homem mais destacado de seu tempo tanto em conhecimento como em sabedoria. Tanto em riqueza como em glória. Tinha douto saber em todas as áreas da ciência.

Antônio Neves de Mesquita diz que ele foi botânico, zoólogo, filósofo, tudo quanto um homem poderia desejar na vida em matéria de inteligência. Construiu o mais majestoso templo da história e engrandeceu-se sobremaneira. Compilou muitos provérbios, nos quais a sabedoria extravasa; tinha tudo quanto se pode imaginar de conhecimentos práticos para a vida. Ninguém o sobrepujou em sabedoria e conhecimento.[21]

O versículo 16 deixa claro que Salomão teve uma conversa íntima com sua alma, uma espécie de solilóquio, uma conversa diante do espelho. Ora se Salomão, o homem mais sábio, não conseguiu descobrir o sentido da vida, ninguém mais seria capaz.

É de bom tom ressaltar que o conhecimento e a sabedoria que Salomão usou para decifrar os enigmas da vida não são aqueles que vêm de Deus. Muito embora fosse um homem que acreditava em Deus (1:13), tentou encontrar sentido para a vida numa visão secularizada. Ele fez uma busca espiritual sem a ajuda de Deus. Walter Kaiser Jr. tem razão em dizer que a sabedoria, quando considerada à parte da sabedoria que provém do temor de Deus, só aumenta a tristeza em vez de trazer alívio. Essa é a sabedoria humana e orgulhosa que destrona Deus e deifica o homem, pretendendo dar-lhe leis e regras para torná-lo feliz por meio delas.[22]

Harper diz que, no versículo 16, o Pregador argumenta que, se o rei com todos os seus recursos financeiros e dons intelectuais não conseguiu encontrar satisfação em sua busca, como pode qualquer outro homem com menos recursos do que ele chegar a uma conclusão diferente? Assim, o frustrado filósofo conclui que os esforços intelectuais da vida são vaidade e aflição de espírito.[23] Fica evidente que na perspectiva puramente humana, debaixo do sol, não há explicação para algumas coisas que acontecem. Nem sempre Deus dá explicações e nem sempre o homem encontra todas as respostas. Nosso conhecimento só nos aproxima ainda mais de nossa ignorância. Avançamos no conhecimento científico, mas, ao mesmo tempo, criamos mais problemas para nós mesmos.

O contraste profundo (1:17)

Salomão escreve: "Apliquei o coração a conhecer a sabedoria e a saber o que é loucura e o que é estultícia; e vim a saber que também isto é correr atrás do vento" (1:17). Salomão tentou adquirir sabedoria por meio do conhecimento de opostos. Ele tentou conhecer o sentido da vida nos dois lados da moeda: indo fundo na sabedoria humana e descendo às profundezas da loucura e da estultícia. Ele, como uma gangorra, foi de um extremo ao outro. Foi o mais sábio e o mais louco. Foi o homem mais sábio, o mais rico, o mais famoso, mas também foi o mais estulto, pois perverteu o seu coração. Casou-se com muitas mulheres e adorou a muitos deuses.

O resultado que colheu foi uma profunda frustração. Isso foi como correr atrás do vento. Corre, corre sem jamais o alcançar. Ryken alerta: "Estude toda a filosofia, pesquise todas as religiões, faça todos os cursos de aprimoramento pessoal, e mesmo assim você acabará em frustração. A razão humana só pode nos levar até certo ponto, e é por isso que Deus diz que não devemos nos gloriar da nossa própria sabedoria (Jr 9:23,24). O próprio Deus diz: 'Destruirei a sabedoria dos sábios' (1Co 1:19). Eclesiastes é uma das fontes que demonstram como Deus destrói as pretensões da sabedoria humana, mostrando-nos quão vazio é todo o nosso conhecimento sem Ele".[24]

A conclusão inevitável (1:18)

Ao término dessa análise, Salomão chegou a duas conclusões:

Em primeiro lugar, *a muita sabedoria produz muito enfado* (1:18a). "Porque na minha muita sabedoria há muito enfado...". Muito embora a sabedoria seja mais proveitosa do que a estultícia, quanto a luz traz mais proveito que as trevas (2:13), quanto mais o homem compreende o mundo ao seu redor, mais enfadado ele fica. Nas palavras de Harper, "quanto mais sabedoria alguém adquire, mais lacunas essa pessoa reconhece que existem, e menos satisfeita ela se torna com seu desenvolvimento".[25]

Em segundo lugar, *a muita ciência aumenta a tristeza* (1:18b). "... e quem aumenta ciência aumenta tristeza". O conhecimento apurado das coisas, que está fora do alcance dos ignorantes, aumenta tristeza. Concordo com Michael Eaton, quando diz que enquanto a sabedoria estiver restrita ao reino "debaixo do sol", ela verá apenas o tumulto latejante da criação, a vida refulgindo e surgindo em seus circuitos sempre repetitivos, e nada mais. Quanto mais você compreende, mais dores sente.[26]

Nas palavras de Walter Kaiser Jr., "quanto mais sábio você for, mais preocupações terá; quanto mais você conhecer, mais doloroso será".[27] Sidney Greidanus coloca essa verdade assim: "A sabedoria aumenta a tristeza porque a pessoa se torna mais consciente da dor e do sofrimento neste mundo".[28]

Concordo com Emílio Garofalo quando diz que viveríamos mais tranquilos se não soubéssemos nada sobre a corrupção que acontece em nosso país. Viveríamos com muito mais paz se não fizéssemos ideia dos casos de pedofilia, tráfico de mulheres e crueldade a animais. Viveríamos mais felizes na ignorância.[29]

A aplicação cristocêntrica do texto

Mais uma vez a chave hermenêutica para interpretarmos essa passagem é examinar a expressão "debaixo do céu" (1:13) e "debaixo do sol" (1:14). Olhar para a vida e para o mundo apenas numa perspectiva horizontal, secularizada, sem levar Deus em conta, é entrar num beco sem saída. É perder a esperança. É viver num círculo fechado, sem janelas para a eternidade. Concordo com Warren Wiersbe quando diz que, para o cristão, a vida não é um círculo fechado, e, sim, uma porta aberta, com experiências diárias de novas bênçãos do Senhor. Não vivemos de explicações, mas de promessas.[30]

Nas palavras de Ryken, "O Pregador, na busca do sentido da vida, não orou. Não consultou as Escrituras. Em vez disso, partiu em sua busca pelo conhecimento sem jamais parar para contemplar a majestade de Deus. Ele estava investigando a profundeza das questões com sua razão sem assistência e sem iluminação, separada de qualquer revelação da vontade que Deus concedeu ao homem".[31]

Sem Deus a vida perde o sentido, o mundo torna-se uma prisão e o conhecimento só faz aumentar a angústia. Tentar entender o mundo de Deus sem Deus é desesperar-se. A sabedoria do mundo é loucura, mas Cristo é a sabedoria de Deus. Ele é o Deus encarnado, a exata expressão do ser de Deus, em quem habita toda a plenitude da divindade e em quem estão todos os tesouros da sabedoria. Nas palavras de Emílio Garofalo, "Jesus é a ponte entre o homem debaixo do sol e o mundo acima do sol. Ele é a âncora que prende este mundo efêmero em algo mais sólido. Ele é a coleira para o vento".[32]

Jesus é maior do que Salomão (Mt 12:42). Só Ele pode endireitar o que é torto. Só Ele pode transformar o pecador e restaurar este mundo. Cristo é a sabedoria de Deus vinda de acima do sol. O profeta Isaías afirmou: "A sabedoria dos sábios cessará, e a perícia dos seus peritos se esconderá" (Is 29:14). O profeta Jeremias alertou: "... não se glorie o sábio na sua sabedoria [...], mas glorie-se nisto: em me [ao Senhor] conhecer..." (Jr 9:23,24). O apóstolo Paulo afirmou que Deus destrói a sabedoria dos sábios (1Co 1:18-25). Mas Jesus é a sabedoria de Deus (1Co 1:24), pois Ele detém todos os tesouros da sabedoria e do conhecimento (Cl 2:3).

Jesus é o caminho da fé, no qual confiamos em Deus. É o caminho da esperança, no qual olhamos para frente, para aquilo que Deus preparou para nós. É o caminho do amor, no qual encontramos sentido na vida vivendo para Deus e para os outros e não para nós mesmos.[33] Em Jesus encontramos a resposta para os enigmas da vida, pois Ele é a própria vida. Com Ele vivemos, com Ele morremos, com Ele ressuscitamos, com Ele reinaremos. Nele encontramos a resposta para todas as nossas perguntas do tempo e da eternidade.

Notas

[1] HARPER, A. F. *O livro de Eclesiastes*. In *Comentário bíblico Beacon*. Vol. 3, 2015, p. 434.
[2] WIERSBE, Warren W. *Comentário bíblico expositivo*. Vol. 3, 2006, p. 458.
[3] EATON, Michael A. *Eclesiastes*, 2017, p. 68.
[4] MCALISTER, John. *A mensagem de Eclesiastes* para a igreja de hoje, 2021, p. 35.
[5] EATON, Michael A. *Eclesiastes*, 2017, p. 68.
[6] NETO, Emílio Garofalo. *Eclesiastes e a vida debaixo do sol*, 2020, p. 70,76.
[7] MCALISTER, John. *A mensagem de Eclesiastes* para a igreja de hoje, 2021, p. 36.
[8] EATON, Michael A. *Eclesiastes*, 2017, p. 68.
[9] Idem.
[10] Ibidem.
[11] EATON, Michael A. *Eclesiastes*, 2017, p. 69.
[12] WIERSBE, Warren W. *Comentário bíblico expositivo*. Vol. 3, 2006, p. 458,459.
[13] EATON, Michael A. *Eclesiastes*, 2017, p. 69.
[14] EATON, Michael A. *Eclesiastes*, 2017, p. 70.
[15] WIERSBE, Warren W. *Comentário bíblico expositivo*. Vol. 3. 2006, p. 459.

16 MCALISTER, John. *A mensagem de Eclesiastes* para a igreja de hoje, 2021, p. 38.
17 RYKEN, Philip Graham. *Eclesiastes*, 2017, p. 45.
18 NETO, Emilio Garofalo. *Eclesiastes e a vida debaixo do sol*, 2020, p. 78.
19 KAISER Jr. Walter C. *Eclesiastes*, 2015, p. 66.
20 NETO, Emilio Garofalo. *Eclesiastes e a vida debaixo do sol*, 2020, p. 78.
21 MESQUITA, Antônio Neves. *Eclesiastes* e Cantares de Salomão. Rio de Janeiro: JUERP, 1977, p. 32.
22 KAISER Jr, Walter C. *Eclesiastes*, 2015, p. 66.
23 HARPER, A. F. *O livro de Eclesiastes*. In *Comentário bíblico Beacon*. Vol. 3, 2015, p. 435.
24 RYKEN, Philip Graham. *Eclesiastes*, 2017, p. 48.
25 HARPER, A. F. *O livro de Eclesiastes*. In *Comentário bíblico Beacon*. Vol. 3, 2015, p. 435.
26 EATON, Michael A. *Eclesiastes*, 2017, p. 70.
27 KAISER JR, Walter C. *Eclesiastes*, 2015, p. 65.
28 GREIDANUS, Sidney. *Pregando Cristo a partir de Eclesiastes*, 2017, p:79.
29 NETO, Emilio Garofalo. *Eclesiastes e a vida debaixo do sol*, 2020, p. 79.
30 WIERSBE, Warren W. *Comentário bíblico expositivo*. Vol. 3, 2006, p. 460.
31 RYKEN, Philip Graham. *Eclesiastes*, 2017, p. 48.
32 NETO, Emílio Garofalo. *Eclesiastes e a vida debaixo do sol*, 2020, p. 81,82.
33 RYKEN, Philip Graham. *Eclesiastes*, 2017, p. 48,49.

Capítulo 3

Onde encontrar a felicidade

(Ec 2:1-11)

O REI PREGADOR ESTÁ à procura da felicidade. Mas onde ela mora? Qual é seu endereço? Que caminho se deve percorrer para encontrá-la. O texto em tela mostra essa busca meticulosa, mas inglória. Não que a felicidade seja irreal ou inalcançável. As fontes onde Salomão buscou a felicidade são, em si, legítimas. O problema é a procura da felicidade sem Deus. É a tentativa de encontrar prazer naquilo que é temporal, terreno e passageiro.

Deus colocou a eternidade no coração do homem (3:11) e as coisas temporais não podem preencher o vazio de seu coração. Emílio Garofalo tem razão em dizer que não adianta buscar nas coisas criadas o que só o criador pode dar.[1]

Destacaremos alguns pontos:

Uma resolução inquietante (2:1a)

Salomão, numa profunda introspeção, toma a seguinte decisão: "Disse comigo: vamos! Eu te provarei com a alegria; goza, pois, a felicidade..." (2:1a). O pregador tem uma conversa diante do espelho. Num solilóquio, desafia e incentiva a si mesmo a experimentar a alegria e a gozar a felicidade. Ele está à procura desse tesouro escondido. Vai fazer incursões, buscando todas as alternativas, com o propósito de chegar a essa fonte tão cobiçada da felicidade. Nessa empreitada resoluta, emprega toda a sua força, desafia cada músculo do seu corpo, convoca cada neurônio de seu cérebro e cada anelo do seu coração.

Ryken diz que a palavra "provar" indica que o que segue é um experimento, uma tentativa deliberada de aprender algo por experiência própria. Assim, Salomão transforma-se num hedonista experimental. Ele decide fazer de sua felicidade o propósito principal da vida, ou seja, viver para si mesmo em vez de viver para Deus.[2]

Uma constatação decepcionante (2:1b,2)

Depois de conclamar a si mesmo para a audaciosa procura da felicidade, Salomão tem um choque de realidade e chega a uma conclusão decepcionante: "... mas isso também era vaidade. Do riso disse: é loucura; e da alegria: de que serve?" (2:1b,2). Aqui a conclusão vem antes da prova. A felicidade e o riso abordados aqui espelham os valores do hedonismo humanista e do secularismo sem Deus. O banquete da felicidade, com suas iguarias, oferecido pelo mundo, não satisfaz a alma. É vaidade. É fumaça. É como neblina que cedo se dissipa. É algo vazio, fugaz e efêmero. É bolha de sabão, algo difícil de segurar.

O riso e as gargalhadas, nos *happy hours* da vida, desmancham-se num rosto sulcado de dor e molhado de lágrimas. Essa alegria de uma noitada de festa, com os prazeres mais borbulhantes, não serve para dessedentar a alma nem mitigar a fome daquilo que é eterno. Warren Wiersbe tem razão em dizer que a pessoa que constrói a vida ao redor da busca pelo prazer está condenada a sofrer decepções no final.[3]

Reforçando essa ideia, Michael Eaton diz que a palavra "riso" (2:1) traz a ideia do "divertimento" de um jogo (Pv 10:23) ou de uma festa (10:19), ou escárnio (Jr 20:7). Já a palavra "alegria" (2:1) refere-se ao prazer judicioso, a alegria dos festivais religiosos (Nm 10:10; Jz 16:23) ou na proclamação de um rei (1Rs 1:40). Os dois tipos de alegria recebem vereditos adequados. O primeiro "riso" é loucura, pois o folgazão afoga os fatos duros da vida num mar de frivolidade. Já a "alegria" deixa de satisfazer as necessidades do homem cujos horizontes permanecem "debaixo do sol".[4] Loucura aqui não se refere a uma doença mental, mas a algo pecaminoso. Indica uma perversão moral, não uma deficiência mental. Trata-se do riso zombeteiro, da piada frívola e sarcástica. Concordo com Ryken, quando diz que, quando se trata de compreender o sentido da nossa existência, o riso não passa de um prazer inútil, pois a vida não é uma piada.[5]

A busca da felicidade na bebida (2:3)

Salomão passa a relacionar os caminhos que buscou para encontrar a felicidade. Trata-se de uma investigação persistente (até ver) e confinada a uma área limitada (debaixo do céu). Depois do riso, agora vem o vinho, uma espécie de lubrificante para as risadas do rei: "Resolvi no meu coração dar-me ao vinho, regendo-me, contudo, pela sabedoria, e entregar-me à loucura, até ver o que melhor seria que fizessem os filhos dos homens debaixo do céu, durante os poucos dias da sua vida" (2:3). Emílio Garofalo menciona cinco usos legítimos para o vinho na Bíblia: 1) Sacramental — na Ceia do Senhor; 2) celebratório (Sl 104:14,15); 3) matar a sede — diversas passagens bíblicas; 4) medicinal (1Tm 5:23); 5) uso do prazer e alegria (Jo 2:10).[6] Todos esses são usos legítimos. O que a Bíblia proíbe é a embriaguez, o embotamento dos sentidos, a dissolução (Ef 5:18).

Destacamos aqui alguns pontos:

Em primeiro lugar, *uma resolução consciente*. A decisão de entregar-se ao vinho não foi um pensamento fugidio, mas uma reflexão demorada. Ele resolveu no coração fazer isso. Nas palavras de Ryken, "em vez de Salomão receber o vinho como presente e de bebê-lo com ações de graças a Deus, ele o consumiu com prazer egoísta".[7]

Em segundo lugar, *uma resolução paradoxal*. Dar-se ao vinho e ao mesmo tempo ser regido pela sabedoria é um contrassenso. Onde o vinho domina, a sabedoria se ausenta. O domínio do vinho e a sabedoria não coexistem. O próprio Salomão já havia escrito: "O vinho é escarnecedor, e a bebida forte, alvoroçadora; todo aquele que por eles é vencido não é sábio" (Pv 20:1). John McAlister entende, portanto, que Salomão não está falando da extravagância das farras e do excesso, mas do prazer de beber e alegrar-se socialmente, mantendo a compostura e a cabeça no lugar.[8]

Tratava-se de um experimento controlado. Entrementes, seja como for, se o seu consumo era caracterizado por sofisticação ou embriaguez, ele estava à procura de prazer no fundo de uma garrafa.

Em terceiro lugar, *uma resolução inconsequente*. Entregar-se à loucura não é um caminho iluminado para compreender o comportamento dos homens debaixo do céu. A loucura embaça a visão, entenebrece o entendimento e calcifica os sentimentos.

Em quarto lugar, *uma resolução irrefletida*. Salomão tem consciência da brevidade da vida, mas em vez de remir o tempo porque os dias são maus, entregou-se mais açodadamente à busca do prazer, pensando que festa e folia poderiam lhe dar um sentido para a vida. Ele tentou aproveitar tudo o que estava ao seu alcance. Mas o que colheu? Apenas frustração!

Warren Wiersbe está correto quando diz que o princípio se aplica não apenas ao álcool, mas também às drogas, a jogos de azar, a sexo, a dinheiro, a fama e a qualquer outra atividade: quando o centro da vida é somente o prazer, o resultado é decepção e vazio.[9]

A busca da felicidade nos empreendimentos (2:4-6)

Depois de buscar prazer na bebida, Salomão agora passa a descrever seus variados empreendimentos e suas ricas obras. Ele está determinado a criar para si um paraíso na Terra, cheio de prazeres, onde nenhum fruto é proibido. Nas palavras de Harper, "Salomão volta-se do entretenimento para o trabalho. O rei se entregou por um tempo a uma fase de projetos de construção".[10] Tudo é feito por ele e para ele. Ele se torna o centro do universo. Tudo tem que girar em torno dele. Age como umególatra. Tudo é feito para seu desfrute e deleite. Destacamos dois pontos:

Em primeiro lugar, *a pluralidade de suas obras e empreendimentos*. Tudo o que empreendeu e fez está no plural. Tudo tem o selo da suntuosidade e da multiplicidade: obras, casas, vinhas, jardins, pomares e açudes. Salomão empreendeu grandes projetos, na esperança de descobrir algo que fizesse a vida valer a pena. Começou com grandes obras (4:6), inclusive casas (1Rs 7:1-12), cidades (2Cr 8:4-6), jardins, vinhas, pomares e bosques (1Rs 4:33) e os sistemas de abastecimento de água necessários para a manutenção de tudo isso.

Em segundo lugar, *a finalidade de suas obras e empreendimentos*. Tudo é empreendido e feito para ele. Ele é o feitor e o beneficiário. Como rei, não viveu para servir ao povo, mas para locupletar-se. Viveu nababescamente. Desfrutou de tudo superlativamente. Ele não fez obras públicas. Tudo era para ele.

A busca da felicidade nos prazeres (2:7,8)

Sua busca de felicidade e prazer está em pleno curso. Depois dos empreendimentos e obras, Salomão menciona mais três fontes, onde foi buscar prazer.

Em primeiro lugar, *na riqueza* (2:7,8a). "Comprei servos e servas e tive servos nascidos em casa; também possuí bois e ovelhas, mas do que possuíram todos os que antes de mim viveram em Jerusalém. Amontoei também para mim prata e ouro e tesouros de reis e de províncias...". Tendo em vista a extensão de seus projetos de construção e o tamanho de suas propriedades, Salomão precisava de um exército de trabalhadores para a sua manutenção diária. Por isso, comprou muitos escravos estrangeiros, além daqueles nascidos em sua própria casa, para atender às demandas de seu palaciano estilo de vida. Seus rebanhos serviam de provisões diárias da sua casa e supriam de fartura suas mesas regadas de vinho. O registro bíblico deixa isso claro:

> Eram, pois, os de Judá e Israel muitos, numerosos como a areia que está ao pé do mar; comiam, bebiam e se alegravam. Dominava Salomão sobre todos os reinos desde o Eufrates até à terra dos filisteus e até à fronteira do Egito; os quais pagavam tributo e serviam a Salomão todos os dias da sua vida. Era, pois, o provimento diário de Salomão trinta coros de flor de farinha e sessenta coros de farinha; dez bois cevados, vinte bois de pasto e cem carneiros, afora os veados, as gazelas, os corços e aves cevadas (1Rs 4:20-23).

É notório, portanto, que Salomão tinha muito dinheiro. Ele acumulou, como pó, prata e ouro, arrecadados dos pesados tributos recolhidos do seu povo e às custas de governantes vizinhos e de territórios subjugados. A riqueza colossal de Salomão está descrita em 1Reis 9:26-28; 10:14-29. Sua fortuna era proverbial. Sua ostentação financeira era fabulosa.

É digno de nota que os tesouros eram posses pessoais de Salomão (1Cr 29:3). Ele era, certamente, o homem mais rico do mundo, mas infeliz. Ele tinha tudo que o dinheiro podia comprar, mas nada disso preenchia o vazio do seu coração. Alguém já disse que o sucesso é cheio de promessas até ser obtido. Então, se torna o ninho do ano anterior, abandonado pelos pássaros.

Em segundo lugar, *na música* (2:8b). "... provi-me de cantores e cantoras...". Naquele tempo música era um prazer incomum e muito caro. Mas, suas noites eram regadas a vinho, banquetes opíparos e música de qualidade. Cantores e cantoras eram contratados para fazer shows particulares para o rei hedonista.

Em terceiro lugar, *no sexo* (2:8c). "... e das delícias dos filhos dos homens: mulheres e mulheres". Salomão tinha em seu harém setecentas princesas e trezentas concubinas (1Rs 11:3). As mulheres mais belas e mais ricas, as procedentes do seu povo e aquelas oriundas das nações mais poderosas frequentavam sua cama. Salomão teve mais parceiras sexuais do que qualquer homem poderia sonhar. Nas palavras de Ryken, "o luxo erótico desse grande harém era a cobertura real do seu bolo de prazer".[11]

Salomão bebeu, sem moderação, todas as taças dos prazeres na busca de preencher o vazio do seu coração, sedento de felicidade, mas a felicidade não estava presente na cama da intensidade e da variedade sexual. Como diz Ryken, hoje seu rosto estamparia as capas da revista *Fortune,* na edição anual dos homens mais ricos do mundo. Sua casa seria objeto de revistas de arquitetura, desde a adega até os jardins exuberantes. Estrelas da música pop cantariam em suas festas de aniversário e supermodelos se agarrariam a seus braços.[12]

Ainda hoje, muitos buscam satisfazer a volúpia do coração no vinho, na música e no sexo. A indústria pornográfica doura a pílula e oferece cardápios variados aos que, sofregamente, correm atrás do prazer, mas a felicidade não está no sexo livre e desenfreado, nem na cama do adultério. A felicidade não pode ser encontrada nas conquistas amorosas, no sucesso profissional, no mundo dos esportes, nas viagens, nas roupas de grife, nas joias caras e nos restaurantes selecionados. É fato incontestável que nossa geração tem hoje mais de quase tudo, exceto felicidade.

Resta claro afirmar, porém, que o problema não está na diversão nem nas realizações. Vinho, música, sexo e riqueza são dádivas de Deus, mas não substitutos dele. O problema descrito em Eclesiastes é o mesmo diagnosticado pelo apóstolo Paulo mil anos depois de Salomão. As pessoas seriam "mais amigas dos prazeres que amigos de Deus" (2Tm 3:4).

A busca da felicidade na fama (2:9)

Salomão passa a falar, agora, da fama e esplendor que alcançou: "Engrandeci-me e sobrepujei a todos os que viveram antes de mim em Jerusalém; perseverou também comigo a minha sabedoria" (2:9). Salomão foi o "Top 1" de todos os grandes homens que o precederam em Jerusalém. Ninguém se igualou a ele em riqueza, poder, conhecimento e fama. Tornou-se um fenômeno dentro e fora de sua nação. Ele, porém, não afirma que Deus o engrandeceu, mas que ele mesmo foi o protagonista dessa ação. Ele é o agente e o destinatário de seu próprio engrandecimento.

É bom esclarecer que sua afirmação "perseverou também comigo a minha sabedoria" (2:9) é uma referência à sabedoria terrena e não à divina. A sabedoria divina o teria levado para longe de sua vida egocêntrica e hedonista.

A busca da felicidade egocêntrica (2:10)

O rei pregador chega ao pináculo de sua descrição na busca do prazer, ao afirmar: "Tudo quanto desejaram os meus olhos não lhes neguei, nem privei o coração de alegria alguma, pois eu me alegrava com todas as minhas fadigas, e isso era a recompensa de todas elas" (2:10). Michael Eaton diz que "olhos e coração" indicam os aspectos, respectivamente, exterior e interior, dos prazeres de Salomão.[13]

Alguns pontos merecem destaque aqui:

Em primeiro lugar, *ele viveu sob o império dos sentidos.* O pregador já havia dito que "os olhos não se fartam de ver" (1:8), mas tudo quanto seus olhos desejaram, ele não negou a si mesmo. A Escritura, porém, diz que "a concupiscência dos olhos não procede do Pai, mas procede do mundo" (1Jo 2:16).

Em segundo lugar, *ele viveu sob o domínio do coração.* Embora o coração seja enganoso e corrupto em grau superlativo, Salomão não privou seu coração de alegria alguma. Todos os baldes de prazer que ele jogou para dentro de si mesmo só aumentaram sua sede e agravaram a sua fadiga, mas até com isso ele buscava uma satisfação que escorria entre seus dedos.

Em terceiro lugar, *ele viveu sob a ilusão do auto merecimento.* Salomão chegou a viver governado pelo pensamento que ele merecia ser feliz. Tudo procedia dele, era por meio dele e para ele. Pensou que ele era o centro do universo e o resultado foi uma retumbante insatisfação.

Uma conclusão frustrante (2:11)

A conclusão do pregador é assaz frustrante. Vejamos: "Considerei todas as obras que fizeram as minhas mãos, como também o trabalho que eu, com fadigas, havia feito; e eis que tudo era vaidade e correr atrás do vento, e nenhum proveito havia debaixo do sol". Mesmo que você extraia da vida o máximo que ela pode oferecer, não encontrará a felicidade que tanto almeja. O prazer buscado como um fim em si mesmo não satisfaz. As obras arquitetônicas do palácio e do templo de Salomão foram colossais. O trabalho feito, com fadiga, para fazer toda essa estrutura funcionar era exponencial. Mas tudo isso foi insuficiente para saciar sua sede de felicidade. Usando as palavras de Derek Kidner, aqui está "o paradoxo do hedonismo": quanto mais se busca o prazer, menos ele é encontrado.[14] Concordo com Michael Eaton, quando diz:

> Todos os termos-chaves do Pregador combinam-se, neste ponto: *trabalho, vaidade, correr atrás do vento, nenhum proveito, debaixo do sol*. O amontoado destes termos transmite uma desilusão amarga. Não está sob consideração, aqui, a moralidade do projeto dele; está sendo mostrado ao homem mundano o fracasso de seu estilo de vida, segundo as suas próprias premissas.[15]

Destacamos aqui três pontos:

Em primeiro lugar, *as grandes obras humanas não satisfazem*. Salomão considerou todas as obras feitas por suas mãos e todo trabalho realizado, com fadiga, e não encontrou nessa azáfama satisfação para sua alma.

Em segundo lugar, *a felicidade encontrada nas coisas é vazia*. Salomão considerou suas obras portentosas e seu trabalho extenuante como "vaidade", brisa, neblina, vapor, bolha de sabão. Concordo com John McAlister, quando diz que aquele que faz do prazer o seu ídolo — isto é, o seu substituto para Deus — nunca encontrará a satisfação que só em Deus pode ser encontrada.[16]

Em terceiro lugar, *o sentido da vida não é encontrado debaixo do sol*. Correr atrás do vento é um esforço inglório. Debaixo do sol nada faz sentido, nada tem proveito. Na perspectiva secularizada, a vida perde sua transcendência e todas as sementes que se plantam e todos os frutos que se colhem nessa empreitada não podem dar sentido à existência. Depois de tudo que Salomão fez e experimentou, alguma coisa estava lamentavelmente faltando. Nas palavras de Walter Kaiser Jr., "nenhuma de todas aquelas coisas boas trouxera satisfação ou alegria".[17] O sentido para a vida não está debaixo do sol, mas acima do sol.

Uma aplicação espiritual necessária

Onde mora a felicidade? Qual é a verdadeira fonte da alegria? Qual é a geografia do jardim dos prazeres? Este prazer está no criador e não na criação! Nossos desejos não satisfeitos nos prazeres deste mundo revelam que fomos feitos para o prazer em Deus. Temos um desejo insaciado de transcendência. A satisfação que buscamos nas coisas só pode ser encontrada em Deus. Só na sua presença há plenitude de alegria e delícias perpetuamente (Sl 16:11). Nas palavras de Agostinho de Hipona: "Senhor, tu nos criaste para ti e nossa alma não encontrará pouso seguro até voltarmo-nos para ti".

A alegria que buscamos no vinho, na música, no sexo e na riqueza está em Jesus. Ele é a nossa alegria. Ele é a nossa paz. Ele veio para nos dar vida e vida em abundância. Ele passou sede para nos abrir a fonte da água viva. Ele morreu numa árvore seca para enxertar-nos na videira verdadeira.

Em Jesus, o riso é dádiva de Deus e o vinho, alegra o coração. Em Jesus, nossas obras são feitas para a glória de Deus e nossa casa é uma fonte de bênção para outras pessoas. Em Jesus, o trabalho é uma bênção e o sexo puro e santo é uma fonte de prazer no leito conjugal. Pare de buscar a felicidade nos prazeres deste mundo. A felicidade está em Jesus!

Notas

1. NETO, Emilio Garofalo. *Eclesiastes e a vida debaixo do sol*, 2020, p. 88.
2. RYKEN, Philip Graham. *Eclesiastes*, 2017, p. 51.
3. WIERSBE, Warren W. *Comentário bíblico expositivo*. Vol. 3, 2006, p. 461.
4. EATON, Michael A. *Eclesiastes: introdução e comentário*, 2017, p. 71.
5. RYKEN, Philip Graham. *Eclesiastes*, 2017, p. 52.
6. NETO, Emilio Garofalo. *Eclesiastes e a vida debaixo do sol*, 2020, p. 92.
7. RYKEN, Philip Graham. *Eclesiastes*, 2017, p. 53.
8. MCALISTER, John. *A mensagem de Eclesiastes* para a igreja de hoje, 2021, p. 50.
9. WIERSBE, Warren W. *Comentário bíblico expositivo*. Vol. 3, 2006, p. 462.
10. HARPER, A. F. *O livro de Eclesiastes*. In *Comentário bíblico Beacon*. Vol. 3, 2015, p. 435.
11. RYKEN, Philip Graham. *Eclesiastes*, 2017, p. 55.
12. Idem.
13. EATON, Michael A. *Eclesiastes: introdução e comentário*, 2017, p. 74.
14. KIDNER, DEREK. *A mensagem de Eclesiastes*. São Paulo: ABU, 2004, p. 19.
15. EATON, Michael A. *Eclesiastes: introdução e comentário*, 2017, p. 74.
16. MCALISTER, John. *A mensagem de Eclesiastes* para a igreja de hoje, 2021, p. 58.
17. KAISER JR, Walter C. *Eclesiastes*, 2015, p. 70.

Capítulo 4

Lidando com a realidade da morte

(Ec 2:12-17)

SALOMÃO, CONSIDERADO O HOMEM mais sábio de sua geração, era um investigador obcecado na procura do sentido da vida. Acreditava que a busca da sabedoria lhe daria todas as respostas (1:12-15). Frustrado, pensou que a moralidade, que faz clara distinção entre o certo e o errado, lhe trouxesse alguma luz e propósito (1:16,17). Como seu sofrimento só aumentava nessa procura inglória, buscou a diversão (2:1,2), a bebida (2:3), os empreendimentos (2:4-6), a riqueza (2:7,8), a música (2:8), o sexo (2:8), a fama (2:9) só para descobrir que tudo não passava de vaidade e correr atrás do vento (2:10,11).

Ele, então, volta ao tema da sabedoria, a fim de procurar com mais cuidado e vagar o sentido da vida. Assim, Salomão voltou a considerar "a sabedoria, a loucura, e a estultícia" (2:12).

Uma busca meticulosa (2:12)

Warren Wiersbe diz que a expressão "passei a considerar" (2:12) significa simplesmente "passei a considerar as coisas a partir de outro ponto de vista". Salomão considerou sua sabedoria (2:12-17) e sua riqueza (2:18-23) sob a ótica da morte. De que adianta ser sábio se, um dia, morreremos e deixaremos tudo para trás?[1]

O rei pregador está à procura do significado da vida, quando se depara com a realidade da morte. Nas palavras de Emílio Garofalo, "não importa o quanto nossa alimentação seja saudável ou com quanta cautela andemos na cidade, nem o quanto sejamos sábios e espertos, nosso final é o mesmo. Sábios e tolos terminam no mesmo lugar, a saber, na morte".[2] A morte é um tema recorrente em Eclesiastes (1:4; 2:14-17; 3:18-20; 5:15,16; 6:6; 8:8; 9:2,3,12; 12:7,8).

No tabuleiro da vida estão a sabedoria, a loucura e a estultícia. Nada fica de fora de suas considerações. Os reis sucessores que seguirem suas pegadas não descobrirão nada novo. Só constatarão o que ele e outros já observaram.

Salomão aplicou sua atenção para assumir uma nova linha de pensamento. Michael Eaton destaca que, uma vez que o pregador demonstrou até aqui o completo fracasso da sabedoria, bem como da busca do prazer como soluções para o seu problema, haveria alguma razão por que o rei preferiria uma, e não a outra? Tradicionalmente, a sabedoria é uma necessidade especial do rei (1Rs 3:5-28; Pv 8:14-16). Entretanto, o pregador acabou de demonstrar o fracasso da sabedoria. Significaria isto que a sabedoria falhou em todos os seus aspectos? O rei pregador pergunta: De que maneira os futuros reis tratarão deste mesmo problema que eu enfrentei? Que tipo de pessoa será o meu sucessor, em sua atitude para com os mesmos problemas com que me defrontei?[3]

Warren Wiersbe, tratando desse assunto, comenta:

> É loucura gerações sucessivas realizarem os mesmos experimentos e cometerem os mesmos erros, quando podem aprender com seus antepassados. Mas, ainda assim, é exatamente isso o que fazem! Não há nada de novo debaixo do sol (1:9); os jovens estão fadados a repetir o que já foi feito antes.[4]

Não há dúvidas de que "loucura" e "estultícia" andam juntas. De um lado temos a "sabedoria" e do outro lado temos a "loucura" e a "estultícia". Resta claro afirmar que "sabedoria" aqui não é a profunda compreensão espiritual que começa e termina com o temor do Senhor, mas simplesmente uma orientação boa, moral e prática para o dia a dia. Já a "loucura" e a "estultícia" estão relacionadas com a maneira errada de viver. Concordo com Philip Ryken quando diz que o motivo de Salomão para essa reavaliação é garantir que a vida tem sido contemplada de todos os ângulos possíveis. Como o rei mais sábio e mais rico, ele está na posição única de fazer isso. Quem poderia acrescentar algo à experiência de alguém como Salomão? Ele é o perfeito estudo de caso. Se ele não conseguir encontrar o sentido da vida, quem poderá? Mas se o Rei-Pregador for capaz de compreender o propósito da nossa existência, aquilo que ele tem a dizer sobre o sentido da vida persistirá.[5]

Um lampejo de esperança (2:13)

Na sua busca meticulosa, na tentativa de encontrar o sentido da vida, Salomão encontra uma fresta, por onde entra um raio de luz. Ele escreve: "Então, vi que a sabedoria é mais proveitosa do que a estultícia, quanto a luz traz mais proveito do que as trevas" (2:13). Acende-se aqui uma faísca de esperança. Há um importante progresso em sua investigação. O pregador conclui, corretamente, que a sabedoria é tão mais proveitosa do que a insensatez quanto a luz é mais proveitosa do que as trevas. A luz é símbolo de verdade, santidade e vida. As trevas representam tudo aquilo que é lôbrego, sujo e impuro. Em alto e bom som Salomão proclama que é melhor ser sábio do que ser tolo. O contraste entre a sabedoria e a tolice é o mesmo entre a luz e as trevas. Viver na luz é incomensuravelmente melhor do que andar nas trevas. Nas palavras de Harper, "o homem sábio usa sua inteligência para guiá-lo, enquanto o tolo anda na luz negra da ignorância".[6]

A primeira conclusão da busca meticulosa de Salomão foi que a sabedoria tem valor. Michael Eaton acentua que a crítica de Salomão não é contra a sabedoria, em todos os seus aspectos, mas contra a sabedoria como fonte última de confiança. O livro de Eclesiastes é o guarda de fronteira que proíbe à sabedoria cruzar a linha e embrenhar-se na arte total de viver.[7]

Inobstante a sabedoria ter seus limites, ela é como a luz para o caminhante. O livro de Eclesiastes deixa isso claro. A posse da sabedoria redundará em sucesso (10:10), preservará a vida e a protegerá (7:12). Dá força (7:19) e alegria (8:1), sendo melhor do que a mera força bruta (9:16). O homem orienta-se mediante a sabedoria (2:3), por ela trabalha (2:21), e por ela testa e avalia suas experiências (7:23). Até mesmo as estratégias práticas sobre como livrar uma cidade envolvem a sabedoria (9:15). Ela pode ser limitada, mas é absolutamente indispensável.[8]

Uma distinção necessária (2:14)

Salomão faz uma clara distinção entre o sábio e o estulto: "Os olhos do sábio estão na sua cabeça, mas o estulto anda em trevas; contudo, entendi que o mesmo lhes sucede a ambos" (2:14). O contraste é gritante. O sábio, aspergido pela luz, tem visão; o estulto, porém, envolto em trevas, anda às cegas. O estulto é descrito nas Escrituras como o tagarela, rendido à bebedeira, inclinado para o mal, que se diverte com a perversidade (Pv 10:23). Ele não tem qualquer interesse na sabedoria (Pv 18:2). É privado da luz de Deus. Não tem os olhos do discernimento. Na linguagem neotestamentária, ele ama as trevas (Jo 3:19) e é trevas (Ef 5:8).

Philip Ryken diz que o valor da sabedoria não se deve simplesmente ao fato de fornecer luz, mas também ao fato de capacitar a ver. Ela dá visão, não só iluminação. O sábio tem uma percepção útil da vida, enquanto o tolo não possui olhos, e por isso, anda na escuridão. Essa escuridão não está apenas em volta dele, mas também dentro dele, pois ele não tem olhos com os quais possa ver.[9]

Se na primeira conclusão de sua busca Salomão reconheceu que a sabedoria tem valor, agora ele chega a uma segunda conclusão: a sabedoria é inútil como remédio ou solução para o problema último da vida; o sábio, tanto quanto o estulto, ambos sucumbem diante da morte.[10]

Um sinal de igualdade na equação da vida (2:15)

Salomão está diante de uma realidade inegável: "Pelo que disse eu comigo: como acontece ao estulto, assim me sucede a mim; por que, pois, busquei eu mais a sabedoria? Então, disse a mim mesmo que também isso era vaidade" (2:15). A inevitabilidade da morte torna inútil a busca da sabedoria, visto que a morte é a grande niveladora da vida. A morte coloca suas mãos álgidas tanto sobre o sábio como sobre o estulto. Ceifa a um como ao outro. O mesmo destino acomete ambos. Ambos morrem. A morte democraticamente nivela todos. Ela não é parcial. É o sinal de igualdade na equação da vida. Morre o jovem e o velho, o homem e a mulher, o rico e o pobre, o doutor e o analfabeto, o religioso e o ateu, o sábio e o tolo. Nas palavras de Philip Ryken, "essa absurdidade trágica frustra todos os nossos esforços de encontrar sentido na vida".[11]

Uma memória apagada (2:16)

Uma consequência inevitável da morte é que ela não apenas ceifa a vida, mas, também, apaga as memórias da nossa existência: "Pois, tanto do sábio como do estulto, a memória não durará para sempre, pois, passados alguns dias, tudo cai no esquecimento. Ah! Morre o sábio, e da mesma sorte, o estulto!" (2:16). Daí, Salomão concluir que a memória é curta demais para valorizar os esforços humanos. Por mais amados que tenhamos sido, seremos esquecidos pelos nossos tetranetos (1:11; 2:16). Eles sequer saberão o nosso nome. Getúlio Vargas antes de cometer suicídio, deixou escrito: "Deixo a vida para entrar na história". Mas a realidade inevitável é que debaixo do sol, nenhum legado viverá para sempre. Primeiro morre você, depois a sua memória.

Os ossos de um rei poderoso como Salomão se misturam com os ossos de um escravo. A morte entra no casebre e leva o vassalo, entra no palácio e leva o rei. Nas palavras de Philip Ryken, "a morte colocará um fim a qualquer vantagem que possamos ter na vida".[12]

Um aborrecimento profundo (2:17)

As reflexões de Salomão acerca do poder igualador da morte levaram-no a uma atitude de aversão à vida: "Pelo que aborreci a vida, pois me foi penosa a obra que se faz debaixo do sol, sim, tudo é vaidade e correr atrás do vento" (2:17). Isso não significa que Salomão chegou a flertar com o suicídio, porque a morte era exatamente o que ele se esforçava para evitar. Salomão, porém, não apenas entendeu que a vida é vaidade, uma baforada de vento que logo se dissipa, mas, também, passou a odiá-la. Diversões, empreendimentos, trabalho, riquezas, música, sexo, fama e sabedoria têm um fim inevitável com a chegada da morte. Ela obriga a sabedoria a colocar um ponto final em sua marcha. Nas palavras de Garofalo, "apesar de Salomão ter se esforçado e lutado, ele sabe que vai virar pó. Tentar viver para sempre é correr atrás do vento, é vaidade, não resulta em nada".[13]

Philip Ryken destaca que uma coisa é decepcionar-se com a vida e todas as suas frustrações, mas odiar a vida é algo completamente diferente. Salomão cai numa espécie de desespero absoluto. Não é apenas a sua vida que ele odeia, mas a vida em geral. Esse é o ponto mais baixo de raiva e desespero.[14]

Estou de pleno acordo com o que diz Michael Eaton: "Do ponto de vista centralizado em Deus, a vida é o tempo de gozar-se o bem (3:12; 5:20), visto que é concedido por

Deus (5:18); os prazeres dela constituem parte do quinhão de Deus (9:9). Entretanto, esta posição jamais pode ser alcançada a partir de 'debaixo do sol'".[15] Philip Ryken corrobora, dizendo que o pregador odiava a vida por causa da certeza da morte e da absurdidade de perder toda a sua sabedoria em consequência dela. Talvez você odeie a vida por alguma outra razão — por causa da dor física, ou por causa de seu sofrimento injusto, ou por causa de suas dificuldades financeiras, ou por causa de suas muitas outras decepções. Mas qualquer que seja a razão, enquanto contemplarmos as coisas por uma perspectiva debaixo do sol, há muitas coisas na vida que podemos odiar.[16]

Uma aplicação espiritual necessária

A resposta para os grandes dilemas da vida não está nas buscas que fazemos debaixo do sol. Nas palavras de Philip Ryken, "há uma sabedoria acima do sol e uma vida além do túmulo".[17] Já Emílio Garofalo diz que "precisamos de uma sabedoria mais alta e mais antiga que o sol".[18] A Escritura diz:

> Portanto, se fostes ressuscitados juntamente com Cristo, buscai as coisas lá do alto, onde Cristo vive, assentado à direita de Deus. Pensai nas coisas lá do alto, não nas que são aqui da terra; porque morrestes, e a vossa vida está oculta juntamente com Cristo, em Deus. Quando Cristo, que é a nossa vida, se manifestar, então, vós também sereis manifestados com ele, em glória (Cl 3:1-4).

O apóstolo Paulo nos exorta a olhar para cima, para além do sol, para contemplarmos Cristo no trono do universo. Em Cristo estão escondidos todos os tesouros da sabedoria (Cl 2:3). Ele é a sabedoria de Deus (1Co 1:30). Ele é a própria vida (Jo 14:6). Conhecê-lo é desfrutar da própria vida eterna (Jo 17:3; 1Jo 5:20). O túmulo não é o nosso último endereço. A morte não tem a palavra final. Jesus entrou nas entranhas da morte, arrancou o aguilhão da morte, matou a morte e ressuscitou, inaugurando a imortalidade. A morte já foi tragada pela vitória. Ressuscitaremos com um corpo imortal, incorruptível, glorioso, poderoso, espiritual, celestial, semelhante ao corpo da glória do Senhor Jesus (Fp 3:21). Nossa memória não será apagada, pois quando Cristo, que é a nossa vida, se manifestar, seremos manifestados com ele, em glória. Reinaremos com Cristo pelos séculos eternos!

Notas

[1] WIERSBE, Warren W. *Comentário bíblico expositivo*. Vol. 3. 2006, p. 462,463
[2] NETO, Emílio Garofalo. *Eclesiastes e a vida debaixo do sol*, 2020, p. 121.
[3] EATON, Michael A. *Eclesiastes: introdução e comentário*, 2017, p. 75.
[4] WIERSBE, Warren W. *Comentário bíblico expositivo*. Vol. 3, 2006, p. 463.
[5] RYKEN, Philip Graham. *Eclesiastes*, 2017, p. 65,66.
[6] HARPER, A. F. *O livro de Eclesiastes*. In *Comentário bíblico Beacon*. Vol. 3, 2015, p. 436.
[7] EATON, Michael A. *Eclesiastes: introdução e comentário*, 2017, p. 76.
[8] Idem.
[9] RYKEN, Philip Graham. *Eclesiastes*, 2017, p. 66.
[10] EATON, Michael A. *Eclesiastes: introdução e comentário*, 2017, p. 76.
[11] RYKEN, Philip Graham. *Eclesiastes*, 2017, p. 68.
[12] _____. *Eclesiastes*, 2017, p. 70.
[13] NETO, Emílio Garofalo. *Eclesiastes e a vida debaixo do sol*, 2020, p. 124.
[14] RYKEN, Philip Graham. *Eclesiastes*, 2017, p. 70
[15] EATON, Michael A. *Eclesiastes: introdução e comentário*, 2017, p. 78.
[16] RYKEN, Michael A. *Eclesiastes*, 2017, p. 71.
[17] Idem.
[18] NETO, Emílio Garofalo. *Eclesiastes e a vida debaixo do sol*, 2020, p. 124.

Capítulo 5

Qual é o sentido do trabalho?

(Ec 2:18-26)

O TRABALHO PREEXISTE À queda (Gn 1:28; 2:15,19), foi ordenado depois da queda (Gn 3:17-19) e continuará depois da glorificação (Ap 22:5). Depois do pecado, o trabalho tornou-se penoso. O homem granjeia seu pão com o suor do rosto. O trabalho não apenas envolve fadiga, mas a riqueza acumulada será deixada para quem? Os herdeiros serão sábios ou tolos? Empregarão com sabedoria o que receberam como herança ou desperdiçarão insensatamente esse legado? Salomão está refletindo sobre essas questões. Como fruto de suas ponderações, ele não apenas aborrece a vida, mas, também, seu trabalho (2:18). Está entediado com a vida e com suas atividades. Nas palavras de Philip Ryken, "segundo Eclesiastes, o trabalho é o lugar errado para procurar um sentido na vida, muito embora sejamos definidos por nosso emprego".[1]

A palavra *trabalho* tem vários significados em Eclesiastes. Michael Eaton diz que às vezes refere-se à tremenda luta da pessoa, ao enfrentar os problemas da vida (1:13); às vezes, (como aqui), refere-se às responsabilidades diárias da pessoa.[2]

Vamos destacar algumas lições:

Uma visão secularizada do trabalho (2:18-23)

Warren Wiersbe, expondo o texto em apreço, sugere três verdades solenes, as quais vamos pegar emprestadas: não podemos levar nosso dinheiro, não podemos proteger nosso dinheiro nem podemos desfrutar plenamente o nosso dinheiro.[3] Esse fato incontroverso é destacado por Jesus na parábola do homem rico que confiou na sua abundante provisão, mas foi abruptamente ceifado pela morte (Lc 12:13-21). O apóstolo Paulo, nessa mesma esteira, alerta aos ricos a não confiarem na instabilidade da riqueza (1Tm 6:7-10). Vamos examinar essas três verdades:

Em primeiro lugar, *não podemos levar nosso dinheiro* (2:18,19). Salomão escreve:

> Também aborreci todo o meu trabalho, com que me afadiguei debaixo do sol, visto que o seu ganho eu havia de deixar a quem viesse depois de mim. E quem pode dizer se será sábio ou estulto? Contudo, ele terá domínio sobre todo o ganho das minhas fadigas e sabedoria debaixo do sol; também isto é vaidade (2:18,19).

Não podemos levar nosso dinheiro quando partirmos deste mundo. No fim, outra pessoa fica com o lucro de todo o nosso trabalho. Salomão foi um homem muito rico, mas, quando morreu, perdeu tudo. Foi enterrado de mãos vazias. Não pôde levar sequer um grama de ouro. Toda sua riqueza ficou para trás. Não há caminhão de mudança em enterro nem gaveta em caixão. Não podemos levar para o túmulo nem um centavo. Philip Ryken alerta para o fato de que alguns perdem o que granjearam antes de morrer. São vítimas de um infortúnio ou colapso no sistema financeiro. Todos, porém, algum dia deixarão tudo para trás. Alguém administrará seu portfólio. Então, tudo pelo qual você trabalhou a vida inteira estará perdido.[4]

John Rockefeller, o primeiro bilionário do mundo, disse que o homem mais pobre que conhecia era o homem que só tinha dinheiro. A Escritura diz que nada temos trazido para o mundo, nem coisa alguma podemos levar dele (1Tm 6:7). Nas palavras de Jó, "nu saí do ventre da minha mãe e nu voltarei" (Jó 1:21). O dinheiro só é útil quando usado, pois, mesmo que seja um passaporte para todo lugar do mundo, não pode nos levar ao céu; mesmo sendo o provedor universal de tudo, não pode nos dar felicidade.

Salomão diz, outrossim, que o dinheiro que granjeamos e acumulamos será deixado para herdeiros. Essa fortuna cairá em boas mãos? Será bem administrada ou será esbanjada? Esses herdeiros merecem receber o fruto do seu penoso trabalho? Michael Eaton diz que a obra de uma pessoa pode ser arruinada pelo seu sucessor.[5] Concordo com Harper quando diz que poucos filhos têm provado ser tão eficazes em preservar fortunas quanto seus pais foram em acumulá-las.[6] Nas palavras de Warren Wiersbe, "pior do que termos de deixar nossa riqueza para trás é saber que, talvez, a deixemos com alguém que a desperdiçará".[7] Salomão vê nesse processo uma injustiça frustrante. Nas palavras de Ryken, "um homem faz o seu trabalho, mas outro homem recebe a riqueza".[8] Pois foi exatamente isso que aconteceu com Roboão, filho e sucessor de Salomão (1Rs 11:41—12:24). Ele foi um homem insensato. Seu reino foi dividido. A riqueza que herdou de seu pai foi dissipada. Emílio Garofalo Neto tem razão em dizer: "Se você está tentando segurar firme o seu futuro e seu legado, você está tentando segurar fumaça".[9]

Em segundo lugar, *não podemos proteger nosso dinheiro* (2:20,21). Está escrito:

> [...] me empenhei porque o coração se desesperasse de todo trabalho com que me afadigara debaixo do sol. Porque há homem cujo trabalho é feito com sabedoria, ciência e destreza; contudo, deixará o seu ganho como porção a quem por ele não se esforçou; também, isto é vaidade e grande mal (2:20,21).

O trabalho traz desespero e fadiga, pois mesmo o trabalho realizado com sabedoria, ciência e destreza com seus ricos dividendos ficará para quem não se esforçou. Você trabalha para outro desfrutar. Você se dedica para quem não suou a camisa ficar com os frutos do seu labor. Por esta causa, Harper alerta para o fato de que a vida satisfatória é mais importante que a fortuna, pois se o homem não tem nenhuma função melhor para a riqueza acumulada do que deixá-la ser desperdiçada por herdeiros irresponsáveis, há razões sobejas para o pessimismo em relação ao trabalho.[10] Concordo com Michael Eaton quando diz que este é um dos trechos mais tocantes do Antigo Testamento, a antítese da expressão neotestamentária "no Senhor, o vosso trabalho não é vão" (1Co 15:58).[11]

Como já destacamos, o que Salomão disse sobre deixar o fruto de seu trabalho para os herdeiros pode ser chocantemente constatado na sua própria vida. Quando ele morreu, Roboão, seu filho primogênito e sucessor, foi um homem tolo. Ele perdeu dez dos doze territórios do reino de seu pai. Seu reino foi divido e essas dez tribos cismáticas mergulharam num denso caudal de escuridão espiritual. Philip Ryken enfatiza: "A realidade debaixo do sol é que gastamos nossa vida inteira trabalhando para ganhar algo que não podemos guardar. Isso era o bastante para levar o Pregador ao desespero".[12]

Em terceiro lugar, *não podemos desfrutar plenamente do nosso dinheiro* (2:22,23). Salomão escreve:

[...] que tem o homem de todo o seu trabalho e da fadiga do seu coração, em que ele anda trabalhando debaixo do sol? Porque todos os seus dias são dores, e o seu trabalho, desgosto; até de noite não descansa o seu coração; também isto é vaidade (2:22,23).

Além de trabalhar para outro desfrutar, Salomão compreende que o próprio trabalho é um problema em si. O trabalho é feito com fadigas e dores. Há um desgaste físico e emocional. Há um fardo pesado que não é tirado das costas nem mesmo durante o descanso da noite. O trabalho requer um esforço do corpo e da alma. Não há alívio de dia nem de noite. Não há pausa nem trégua. O trabalhador está sempre cansado, todos os seus dias. Enquanto estamos entregues à uma intensa azáfama, só encontramos fadiga e estresse físico e emocional (1:3). Mesmo depois de um duro turno de trabalho, à noite levamos as fadigas da luta para o leito (2:23). Não há descanso, pois essa inquietude com o trabalho atrapalha o sono. Nas palavras de Harper, "o próprio rei Salomão chegou à conclusão de que uma viagem deliberada com dedicação exclusiva ao mundo da riqueza era desgosto (2:23). Nas palavras de Philip Ryken, "se tentarmos encontrar sentido em nosso trabalho, isso terminará em decepção. Se você fizer do seu trabalho a sua vida, ele o deixará vazio".[13]

Uma visão adequada do trabalho (2:24-26)

Michael Eaton destaca que Deus quase não é mencionado em 1:1—2:23. A única alusão a Deus aparece em 1:13, não como a resposta aos problemas da humanidade, mas como causa deles. Em 2:24, entretanto, somos introduzidos ao outro lado desse negócio infeliz, adicionando-se novo tom. Até aqui a visão era apenas terreal. Mas, aqui, Deus é a fonte da sabedoria, da ciência e da alegria. Em 1:16 a sabedoria é aquisição do homem; mas em 2:26, é dom de Deus.

A humanidade deve desfrutar o reino que lhe foi dado, recebendo tal alegria, das mãos de Deus. Assim, Salomão aponta para Deus, que ocupa o reino celestial, e a vida de fé nele.[14] Nas palavras de Emílio Garofalo, a partir do versículo 24, Salomão começa a falar algo bem mais positivo do que vinha falando até então. Há aqui uma espécie de oásis de otimismo em meio a um deserto de desespero, pois Salomão compreende que conhecer a Deus e ter a verdadeira sabedoria nos faz entender melhor como viver neste mundo e encontrar no trabalho algo prazeroso.[15]

Estou de pleno acordo com o que diz Philip Ryken: "De repente o livro sofre uma virada surpreendente. Sem aviso prévio, o Pregador diz a primeira coisa verdadeiramente positiva em todo o livro (2:24,25). Ele está vendo a diferença entre viver com Deus e viver sem ele. Se não reconhecermos esse avanço em seu pensamento, perderemos o benefício prático de seu livro. Sua mensagem não é simplesmente que tudo é vaidade debaixo do sol, mas também que a alegria vem da mão de Deus, dando sentido a tudo na vida".[16]

Warren Wiersbe diz que esta é a primeira de seis "conclusões" no livro de Eclesiastes, sendo que cada uma delas enfatiza a importância de aceitar a vida como uma dádiva de Deus e de desfrutá-la dentro de sua vontade (3:12-15:22; 5:18-20; 8:15; 9:7-10; 11:9,10).[17] Obviamente Salomão não está defendo a filosofia dos epicureus hedonistas: "Comamos e bebamos, que amanhã morreremos" (1Co 15:32). Devemos, antes, agradecer a Deus por tudo que temos e desfrutar essas coisas para a glória de Deus, que tudo nos proporciona ricamente para nosso contentamento (1Tm 6:17). Destacamos três conselhos importantes:

Em primeiro lugar, *desfrute do fruto do seu trabalho* (2:24). "Nada há melhor para o homem do que comer, beber e fazer que a sua alma goze o bem de seu trabalho. No entanto, vi também que isto vem da mão de Deus". Salomão compreende o valor do trabalho. O trabalho é uma bênção e uma ordenança da lei de Deus (Êx 20:9). O próprio Deus trabalha (Jo 5:17). O apóstolo Paulo é enfático: "Se alguém não quer trabalhar, também não coma" (2Ts 3:10). Devemos fazer tudo para a glória de Deus (1Co 10:31). Devemos fazer tudo em nome de Cristo, dando por tudo graças a Deus Pai (Cl 3:17).

Salomão, outrossim, pondera sobre o privilégio de desfrutar dos frutos do trabalho. Até os animais devem fazê-lo. Se o esbanjamento perdulário é um extremo, a mesquinhez é também reprovável. Trabalhar sem usufruir não é sensato. Comer e beber gostosamente do fruto do trabalho é uma dádiva de Deus e está, portanto, em sintonia com sua vontade. Harper diz, corretamente, que um homem deve ter o suficiente para que coma e beba (2:24), mas ele também deve ter prazer enquanto faz o seu trabalho. Este é o plano de Deus para o homem".[18]

Em segundo lugar, *experimente a alegria que só Deus pode dar* (2:25). "Pois, separado deste [de Deus], quem pode comer ou quem pode alegrar-se?". Muito embora toda a vida seja vaidade (1:2), a alegria é possível e boa. A alegria, porém, não está propriamente no que se come e bebe, mas em Deus, o doador da provisão. Nossa alegria não está nas coisas, mas em Deus. Ele é a fonte e o conteúdo dessa alegria maiúscula. Quando o homem substitui o doador pela dádiva, faz desta um ídolo e um ídolo jamais satisfará o coração do homem. Porém, quando sua alegria está em Deus, ele recebe as dádivas de Deus, com gratidão, e as usufrui com ações de graças. Emílio Garofalo diz, corretamente, que em sua graça comum, Deus dá comida boa, tempo bom e até mesmo alegria para os descrentes (At 14:15-17). Mas o cristão tem uma vantagem especial, a de saber de onde essas coisas vêm.[19] O mesmo escritor pondera:

> Ninguém está mais apto a apreciar a comida, a bebida, o sexo, os jardins, a música e a alegria deste mundo do que o cristão, pois ele entende a função e o lugar destas coisas. Pode tratá-las como dádivas, não como Deus. Pois, se fossem Deus, não poderiam saciar você; mas, como é Deus quem o sacia, você as recebe e se alegra com Ele por meio delas. Isso muda tudo.[20]

Estou de pleno acordo com o que Philip Ryken diz: "Ninguém consegue encontrar qualquer alegria verdadeira em qualquer coisa separado de Deus. Por isso, se alguém estiver tendo dificuldades de encontrar alegria na vida, isso se deve ao fato de Deus não ocupar o centro das coisas".[21]

Em terceiro lugar, *Deus recompensa os que lhe agradam* (2:26). "Porque Deus dá sabedoria, conhecimento e prazer ao homem que lhe agrada; mas ao pecador dá trabalho, para que ele ajunte e amontoe, a fim de dar àquele que agrada a Deus. Também isto é vaidade e correr atrás do vento". A sabedoria de que trata Salomão agora não é aquela oriunda do homem, mas a procedente de Deus. É Deus quem dá sabedoria, conhecimento e prazer ao homem, ao homem que lhe agrada. O pecador recebe apenas o ônus, mas ao que tem seu deleite em Deus, o Senhor lhe dá o bônus, pois é bom ter as coisas que o dinheiro pode comprar desde que não se percam as coisas que o dinheiro não compra. Por isso o pecador trabalha e amontoa, mas quem desfruta de tudo é aquele que agrada a Deus. Salomão faz aqui uma distinção entre dois tipos de pessoas: aquelas que estão sob o favor do gracioso Deus e aquelas que permanecem em seus pecados. Se vivermos para o prazer de Deus, seremos ricamente recompensados com todas as bênçãos espirituais. Mas para o pecador rebelde não tem recompensa, apenas perda.

Warren Wiersbe lança luz sobre este tema:

> O pecador pode acumular todo tipo de riqueza, mas não é capaz de desfrutar seus bens, pois deixou Deus de fora da sua vida. Aliás, suas riquezas vão parar nas mãos dos justos (Pv 13:22). Ao deixarem o Egito, os hebreus levaram as riquezas de seus senhores egípcios (Êx 3:22; 12:36); e ao longo de toda a história de Israel, seus exércitos tomaram para si enormes espólios em suas inúmeras conquistas.[22]

A Escritura diz que os mansos herdarão a terra (Mt 5:5), mas o ímpio será como a palha que o vento dispersa (Sl 1:4). Michael Eaton, diz com razão, que a posição do pecador não é um contratempo, nem uma coincidência, mas um julgamento divino.[23]

Este mundo com todas as suas riquezas será restaurado e nos pertencerá, pois tudo é de Cristo, e nós somos seus coerdeiros. Não devemos viver hoje como se não houvesse amanhã. Devemos viver hoje com a convicção de que o amanhã nos está garantido. Concordo com Emílio Garofalo quando diz que essa perspectiva nos liberta para amar de maneira não utilitária, não egoísta, não predatória. Isso nos ajuda a aproveitar o mundo sabendo que ele será restaurado e nosso eternamente. Isso é olhar acima do sol.[24] Concluo com as palavras de Michael Eaton:

> Aqui está a antítese do pessimismo secular. O Pregador manteve diante de seus leitores duas maneiras de viver: o círculo vicioso do mundo sem objetivo, dos prazeres temporais, do trabalho infrutífero, da sabedoria fútil e da morte inevitável; em comparação com uma vida deleitável, tomada diariamente das mãos de Deus, na "segurança da fé" de que Ele trata adequadamente tanto dos ímpios como dos retos.[25]

Notas

[1] RYKEN, Philip Graham. *Eclesiastes*, 2017, p. 74.
[2] EATON, Michael A. *Eclesiastes*, 2017, p. 78.
[3] WIERSBE, Warren W. *Comentário bíblico expositivo*. Vol. 3, 2006, p. 463,464.
[4] RYKEN, Philip Graham. *Eclesiastes*, 2017, p. 75.
[5] EATON, Michael A. *Eclesiastes: introdução e comentário*, 2017, p. 78.
[6] HARPER, A. F. *O livro de Eclesiastes*. In *Comentário bíblico Beacon*. Vol. 3, 2015, p. 437.
[7] WIERSBE, Warren W. *Comentário bíblico expositivo*. Vol. 3, 2006, p. 464.
[8] RYKEN, Philip Graham. *Eclesiastes*, 2017, p. 75.
[9] NETO, Emilio Garofalo. *Eclesiastes e a vida debaixo do sol*, 2020, p. 135.
[10] HARPER, A. F. *O livro de Eclesiastes*. In *Comentário bíblico Beacon*. Vol. 3, 2015, p. 437.
[11] EATON, Michael A. *Eclesiastes: introdução e comentário*, 2017, p. 78.
[12] RYKEN, Philip Graham. *Eclesiastes*, 2017, p. 76.
[13] RYKEN, Philip Graham. *Eclesiastes*, 2017, p. 77.
[14] EATON, Michael A. *Eclesiastes: introdução e comentário*, 2017, p. 79,80.
[15] NETO, Emilio Garofalo. *Eclesiastes e a vida debaixo do sol*, 2020, p. 139.
[16] RYKEN, Philip Graham. *Eclesiastes*, 2017, p. 78,79.
[17] WIERSBE, Warren W. *Comentário bíblico expositivo*. Vol. 3, 2006, p. 464.
[18] HARPER, A. F. *O livro de Eclesiastes*. In *Comentário bíblico Beacon*. Vol. 3, 2015, p. 437.
[19] NETO, Emilio Garofalo. *Eclesiastes e a vida debaixo do sol*, 2020, p. 144,145.
[20] _____. *Eclesiastes e a vida debaixo do sol*, 2020, p. 146,147.
[21] RYKEN, Philip Graham. *Eclesiastes*, 2017, p. 80.
[22] WIERSBE, Warren W. *Comentário bíblico expositivo*. Vol. 3, 2006, p. 465.
[23] EATON, Michael A. *Eclesiastes: introdução e comentário*, 2017, p. 83.
[24] NETO, Emilio Garofalo. *Eclesiastes e a vida debaixo do sol*, 2020, p. 147,148.
[25] EATON, Michael A. *Eclesiastes: introdução e comentário*, 2017, p. 83.

Capítulo 6

A soberania de Deus sobre o tempo

(Ec 3:1-8)

ESTE É, CERTAMENTE, o mais importante poema acerca do "tempo" de toda a literatura, escrito pelo homem mais sábio da História, sob a inspiração do Espírito Santo. Seu ritmo, repetição e abrangência são incomparáveis. Seu verdadeiro sentido, porém, nem sempre é corretamente interpretado.

Alguns pensam que Salomão, aqui, é um prisioneiro do fatalismo radical e absoluto, defendendo a tese que Deus é o senhor supremo e arbitrário do destino. Outros defendem que Salomão está tratando de uma agenda engessada, ditada pela tirania do tempo, assumindo uma postura fatalista em relação à sua existência, onde o ser humano não é livre para fazer suas escolhas, por isso, não pode ser responsabilizado pelo que lhe sucede. Nosso entendimento, entretanto, diverge dessas linhas de pensamento. Vemos, aqui, a soberania de Deus no tempo, sem tirar do homem sua responsabilidade pelas suas escolhas. Deus determinou a ordem e cabe a nós cumpri-la. Nas palavras de José Líndez: "a ideia fundamental dessa passagem é que tudo segue segundo a ordem fixada por Deus".[1]

Warren Wiersbe é oportuno quando diz que os tempos e as estações são uma parte normal da vida. Se as "leis naturais" determinadas por Deus não fossem confiáveis, a ciência e a vida diária seriam caóticas ou mesmo impossíveis. Não apenas este mundo possui tempos e estações como também há uma providência que prevalece em nossa vida. Desde antes de nosso nascimento até o momento de nossa morte, Deus está realizando seus propósitos.[2]

Em quatorze parelhas, Salomão trata de quase toda a realidade da vida, nas suas mais diversas dimensões. O autor faz menção de 28 situações antitéticas, repartidas em dois turnos de sete pares. Essas parelhas descrevem os polos como nascer e morrer. Concordo com Líndez, quando diz que o autor pretende dar uma sensação de plenitude, totalidade, ordem e perfeição".[3] Porém, o que Salomão quer mostrar é que a totalidade da vida acontece entre o berço e a sepultura, ou seja, entre o nascer e o morrer. Então, toda a vida é contemplada nessa expressão "há tempo de nascer e tempo de morrer". Assim, sucede com todas as outras parelhas. Concordo com Ryken quando diz que o Pregador alcançou um apreço apropriado da soberania de Deus sobre o tempo e a eternidade. A vida não é uniformemente ruim, mas inclui experiências positivas e negativas.[4]

Deus tem o controle providencial da vida. Ele tem o pleno controle do tempo, pois ele mesmo estabeleceu as estações. Sendo eterno, Deus criou o tempo e no princípio do tempo, criou os céus e a Terra. Para ele, um dia é como mil anos e mil anos como um dia. Toda a criação sofre o impacto do tempo. Muito embora, nas palavras de Líndez, "o homem seja como uma pequena elevação de pó no deserto e como uma gota de água no oceano"[5], ele é obra-prima da criação. O homem nasce e morre, mas Deus permanece o mesmo para sempre.

Vamos à análise desta passagem magistral.

Deus não deixou o mundo à deriva (3:1a)

Salomão escreve: "Tudo tem o seu tempo determinado..." (3:1a). Vemos aqui uma plena abrangência do propósito de Deus. Não apenas algumas coisas, mas tudo tem o seu tempo determinado. Esta afirmação é a tese de todo o poema. Deus não criou o mundo para ser um caos nem o deixou trabalhando sozinho. Ele é o Deus da ordem e o Deus do tempo. Tudo foi planejado. Nada acontece sem a vontade ou permissão de Deus. Ele governa todas as suas criaturas e todos os seus atos. Vemos, portanto, aqui, total abrangência. Nada escapa ao planejamento e ao controle divino. As coisas não estão à deriva. Há um plano em ação que estabelece os limites do tempo para todos os homens. Nas palavras de Philip Ryken, "na economia de Deus, há um tempo e uma temporada para tudo [...]. Tudo que acontece neste universo sujeito ao tempo se encontra sob a autoridade de Deus que reina no céu".[6] O mesmo autor prossegue:

> Deus é o Rei do tempo. Ele regulamenta nossos minutos e segundos. Ele rege todos os nossos momentos e todos os nossos dias. Nada acontece na vida sem sua supervisão. Tudo acontece, quando acontece, porque Deus é soberano sobre o tempo, e, também, sobre a eternidade.[7]

Os epicureus abraçaram uma filosofia cuja doutrina ensina que a vida não tem sentido nem propósito. O lema deles era: "comamos e bebamos, porque amanhã morreremos". A verdade, porém, é que não vivemos num mundo de acasos. A sorte não governa nossa vida. Os astros não dirigem nosso destino. O determinismo cego não nos enclausura. Deus, sendo Pai da eternidade, é o Senhor do tempo. Ele planejou todas as coisas. Ele governa sobre todas as coisas. Ele conduzirá todas as coisas à consumação. Não estamos nas mãos do destino cego e impessoal, mas nas mãos do Deus Todo-poderoso. Ele é absoluto em sua autoridade sobre o tempo e o espaço e coloca tudo em seu tempo e lugar.

Michael Eaton lança luz sobre este assunto:

> O Antigo Testamento comumente vê perfeito propósito na vida que vem da supervisão providencial de Deus, que determina tempos e estações. Cada aspecto da vida tem seu "tempo": a chuva (Lv 26:4), a queda dos inimigos de Deus (Dt 32:35), a concepção (2Rs 4:16). Daí a grande necessidade de "visão de épocas" (1Cr 12:32). A sabedoria envolve o conhecimento dos "tempos" (Et 1:13); diz a piedade: "nas tuas mãos estão os meus dias" (Sl 31:12). O Pregador mantém um ponto de vista semelhante: os "tempos" da vida não podem ser conhecidos inteiramente (9:11), mas, em "todo tempo" (9:8), a pessoa deve estar contente.[8]

Deus não deixou o mundo sem propósito (3:1b)

Salomão prossegue: "... e há tempo para todo propósito debaixo do céu" (3:1b). Deus criou o universo e estabeleceu leis confiáveis. Não apenas este mundo possui tempos e estações como também há uma providência que prevalece em nossa vida. Deus, antes de nosso nascimento até o momento de nossa morte, está realizando seus propósitos, mesmo que nem sempre sejamos capazes de entender o que ele está fazendo.[9] Todas as fases e todas as estações da vida estão debaixo do plano divino. Há conexões realizadas pela mão invisível da providência. Não existe acaso nem determinismo. Não há sorte nem azar, mas um plano, com um propósito, traçado pela mão onipotente de Deus.

O propósito divino não é uma providência particular. Não somos uma ilha, mas uma peça na engrenagem. Não somos autômatos, mas membros uns dos outros. Precisamos conhecer Deus, a nós mesmos e aos outros. O tempo certo e o propósito certo não têm a ver apenas com nós mesmos, mas com os outros, de igual modo.

É digno de nota que "tempo", aqui, no hebraico é *zeman*. No grego é *kairós* e não é *kronos*. O tempo não está descrito aqui no sentido ocidental de tempo histórico, o modo de duração que flui, que corre, que passa, ou que está por chegar. Salomão está falando do "tempo adequado", sobre a "ocasião oportuna" que o homem não tem poder algum.[10] A *Septuaginta* traduziu o tempo nesta brilhante passagem por *kairós*. *Kronos* é o tempo marcado pelo relógio: segundos, minutos, horas, dias, semanas, meses, anos, séculos, milênios. *Kairós* é o tempo oportuno, adequado, em que o propósito de Deus se estabelece em tudo que acontece. O *kairós* de Deus nem sempre coincide com o *kronos* do homem. O tempo de Deus não é o nosso. Deus faz tudo certo no tempo certo.

Deus não é unidimensional (3:2-8)

O Deus soberano, que governa o tempo, não é unidimensional. Há muitos que preferem vê-lo apenas como o Deus da vida, mas não como o Deus da morte; ou apenas como o Deus da paz, e não como o Deus da guerra. Nesse poema do "tempo", Salomão mostra não um quadro parcial, mas total. Deus estabelece o tempo para nascer e morrer, para amar e odiar, para sorrir e chorar, para plantar e colher, para a paz e para a guerra.

Salomão vê Deus no controle do tempo, equilibrando as experiências da vida. Warren Wiersbe destaca três necessidades: 1) olhar para o alto: Deus ordena o tempo (3:1-8); 2) olhar para dentro: a eternidade em nosso coração (3:9-14); 3) olhar adiante: a morte é certa para todos (3:15-22).[11] Garofalo ilustra essa realidade com a figura da tapeçaria, com cores, padrões e imagens. Se você olha a tapeçaria sendo produzida, não percebe o todo, acha que está estranha, que está desproporcional, que as cores não combinam, que o tapeceiro não está formando figura nenhuma. Mas quando olhamos a peça pronta entendemos melhor e vemos a beleza do plano.[12]

A abrangência do tempo nas diversas áreas da vida (3:2-8)

Salomão usa quatorze coplas para abranger toda a realidade da vida. Quatorze é o dobro do número sete, o número bíblico da perfeição e consumação. Esses pares abrangem todos os aspectos da vida humana. Philip Ryken diz, acertadamente, que cada par forma um *merisma,* uma figura de linguagem na qual duas polaridades formam um todo. Por exemplo, quando a Bíblia diz que Deus criou "os céus e a terra" (Gn 1:1), isso significa que Deus criou o universo inteiro. Assim, cada um dos pares em Eclesiastes 3 forma um conjunto maior. Juntos, o nascimento e a morte abarcam toda a existência humana; o choro e o riso resumem toda a gama de emoções humanas. Cada par apresenta algo abrangente.[13]

Michael Eaton escreve: "O Pregador toma este conceito de tempo, que permeia todo o Antigo Testamento e faz dele a base de seu otimismo. As quatorze coplas (3:2-8) cobrem todas as gamas da atividade humana. O Pregador vê Deus no controle total de tudo. É um apelo tanto à humildade como à confiança".[14] Todos esses acontecimentos vêm de Deus e são bons em seu devido tempo, uma vez que "tudo fez Deus formoso no seu devido tempo" (3:11a), até mesmo as experiências mais difíceis. Isso está de acordo com que o apóstolo Paulo escreveu: "Sabemos que todas as coisas cooperam para o bem daqueles que amam a Deus, daqueles que são chamados segundo o seu propósito" (Rm 8:28). Vejamos:

Em primeiro lugar, *os eventos mais importantes da vida* (3:2). "Há tempo de nascer e tempo de morrer". Ryken diz que tanto o berço quanto o leito de morte seguem a agenda de Deus (Jó 14:5). O Senhor da vida tem também o poder soberano sobre a morte. O início, a duração e o término da nossa existência estão todos sob a sua autoridade.[15]

O nascimento e a morte não são contingências humanas, mas determinações divinas (1Sm 2:6-8; Sl 139:13-16). Concordo com Warren Wiersbe, quando diz: "Podemos apressar a morte com nossa insensatez, mas não podemos evitá-la quando chegar a hora, a menos que Deus assim o deseje (Is 38; Sl 139:16)".[16] Não podemos abdicar da vida pelo medo de morrer. Se o ideal é maior do que a vida, vale a pena dar a vida pelo ideal. São conhecidas as palavras do mártir do cristianismo, Jim Elliot: "Não é tolo aquele que dá o que não pode reter, para ganhar o que não pode perder". A morte é mais universal do que a própria vida, pois todos morrem, mas nem todos vivem.

Em segundo lugar, *os três pares seguintes tratam de várias atividades humanas, tanto as criativas como as destrutivas* (3:2b,3). "... tempo de plantar e tempo de arrancar o que se plantou; tempo de matar e tempo de curar; tempo de derribar e tempo de edificar".

Tempo de plantar e tempo de arrancar o que se plantou. Usando a linguagem da agricultura, há um tempo certo para plantar e colher ou de plantar a semente e de arrancar as ervas daninhas. Além dos princípios da agricultura, Deus planta e arranca. Ele plantou o seu povo como vinha frutífera, mas também, por causa de desobediência do seu povo, tirou sua sebe e derrubou seu muro (Is 5:5). O agricultor arranca as ervas daninhas e planta o cereal. A erva daninha cresce sem ser plantada, mas o cereal não se desenvolve exceto se a erva daninha for arrancada.

Joan Chittister diz que a vida é uma semeadura. A função de uma geração é tornar a mudança possível para a próxima. A função real de toda geração é espalhar as sementes que tornarão possível um mundo melhor no futuro. Temos que viver pelo amor daquilo que nunca veremos.[17] Jesus disse que o semeador saiu a semear. Parte da semente caiu em um solo árido; outra parte, sobre a rocha; e outra, em arbustos espinhosos. Porém, outra parte caiu em solo fértil e produziu a trinta, a sessenta e a cento por um (Mt 13:1-23). Devemos semear e regar porque só Deus dá o crescimento. Um semeia, outro rega, mas só Deus pode fazer a semente frutificar. Nem sempre colhemos o que semeamos. Devemos semear nesta geração para que as futuras gerações colham os frutos abundantes dessa semeadura. O tempo de semear é agora. Sempre agora!

Tempo de matar e tempo de curar. Há um tempo para a sentença de morte (Gn 9:6; Rm 13:3-5) e um tempo para assistência médica profissional e a cura da alma da nação (2Cr 7:14). Isso está de acordo com o que Deus disse nos dias de Moisés: "Eu sou, eu somente, e mais nenhum Deus além de mim; eu mato e eu faço viver; eu firo e eu saro" (Dt 32:39).

Não temos licença para matar o outro, nem a nós mesmos. Devemos, porém, matar o mal que reside em nós: a cobiça, a inveja, a luxúria, o orgulho, a preguiça, a ira. Devemos matar todos esses dragões que vociferam dentro de nós. Concordo com Joan Chittister, quando diz que não há iniquidade na vida que não esteja em mim, no embrião, esperando para sair, lutando para assumir o controle de mim, parasitando, em seu caminho, a minha vida. As pequenas cobiças, as invejas que coçam, estão todas lá, em meu coração. Não há nada baixo e abjeto na humanidade de que não sejamos todos capazes e que não tenhamos a necessidade de vir a controlar antes que nos controlem.[18] Nós somos o nosso maior inimigo. Nosso coração é desesperadamente corrupto. Dele procede todos os males que nos aprisionam e nos matam. Devemos, pois, fazer morrer a nossa natureza terrena e matar o que se levanta para nos matar.

Tempo de derrubar e tempo de edificar. Existe um tempo para edificar e para derrubar, e Deus faz ambas as coisas. Deus derrubou a torre de Babel que foi construída por causa do orgulho humano (Gn 11:8,9). Ele também edificou uma casa para Israel e um reino para Davi. A obra completa de Deus inclui ambas: criação e devastação.[19]

Há estruturas que precisam ser jogadas por terra e outras que precisam ser edificadas. Derrubamos os vícios deletérios e edificamos a virtude. Derrubamos as torres da mentira e construímos os palácios da verdade. Derrubamos os antros da impureza nauseabunda e edificamos o templo da decência e da honra. Derrubamos os castelos de areia da impiedade e edificamos os palacetes da piedade. Derrubamos os abismos do ódio e edificamos as pontes do amor. Derrubamos as perversas ideologias totalitárias que escravizam as consciências e edificamos a liberdade que promove a vida. Derrubamos as ideologias contrárias à vida e à decência e edificamos os valores morais absolutos que defendem a vida, o casamento, a família, a pátria e a liberdade.

Em terceiro lugar, *os dois pares seguintes envolvem emoções humanas* (3:4). "Tempo de chorar e tempo de rir; tempo de prantear e tempo de saltar de alegria".

Tempo de chorar e tempo de rir; tempo de prantear e tempo de saltar de alegria. Esses dois pares falam das mesmas emoções. O segundo par, porém, trata de emoções ainda mais fortes. A vida não é uma trajetória triste, sem sonhos, sem graça, sem esperança. Devemos caminhar com os pés na terra e com o pensamento no céu. O riso é o emblema da gratidão, o estandarte da fé, o escudo da esperança. O riso é fruto do humor saudável, da leveza da vida, que faz dos encontros casuais, dos jantares em família, não um rosário de murmuração, mas um banquete de graça.

Joan Chittister menciona dois obstáculos para o riso. O primeiro é uma mordaz abordagem da vida. Há aqueles que pensam que a alegria é incompatível com a santidade e que o riso enfraquece a sacralidade da vida. O segundo obstáculo ao riso é a preocupação exacerbada com o perfeccionismo. Precisamos aprender a rir de nós mesmos, a rir com as criancinhas, a rir das situações que fogem ao nosso controle. O riso é o tônico, o alívio e o cessar da dor. O riso é o átrio para a sabedoria.[20] Jesus, inobstante ser conhecido como um homem de dores, foi também um homem alegre, e a alegria de Deus é a nossa força.

Em quarto lugar, *os dois pares seguintes tratam dos relacionamentos humanos, amizade e inimizade* (3:5). "Tempo de espalhar pedras e tempo de ajuntar pedras; tempo de abraçar e tempo de afastar-se de abraçar".

Tempo de espalhar pedras e tempo de ajuntar pedras. Concordo com Líndez que a interpretação mais provável é a que relaciona o espalhar e ajuntar pedras com os labores de preparação dos campos de trabalho, sem nenhuma alusão a ato bélico devastador. Limpa-se o campo de pedras (Is 5:2), empilhando-as em montes ou muros (Os 12:12), ou formando paredes de contenção em terremos muito íngremes. Nas palavras de Warren Wiersbe, "as pedras não são boas nem ruins; tudo depende do que se faz com elas. Se seu inimigo encher a terra de pedras, não as jogue de volta. Construa alguma coisa com elas".[21]

Tempo de abraçar e tempo de afastar-se de abraçar. A vida é feita de encontros e desencontros, de chegadas e saídas, de saudações e despedidas, de abraços e separações, de conflitos e reconciliação. Há tempo de dizer "Olá!" e tempo de dizer "Adeus!".

Líndez diz que o versículo 5b foi interpretado por muitos com toda normalidade da intimidade conjugal, da consumação do ato conjugal por excelência e de sua abstenção.[22]

Joan Chittister diz que as Escrituras estão repletas de aproximação de opostos — José e seus irmãos, a mãe de Moisés e a filha de Faraó, Jesus e a samaritana, a jovem Maria e a velha Isabel. Em cada caso, algo físico, algo poderoso aconteceu: José chora com a visão de seus irmãos invejosos; a filha do Faraó ergue a criança do rio e a confia aos braços da mãe hebraica; Jesus bebe água de uma cacimba proibida; Maria e Isabel irrompem em cânticos incontidos, ao pensamento do poder contido dentro de si e do seu significado para os outros. As Escrituras, em outras palavras, estão repletas daquela pessoa que reconhece, acolhe, abraça, e libera a força de um desconhecido para transformar o mundo ao seu redor.[23]

Em quinto lugar, *os dois pares seguintes dizem respeito a posses e a nossas resoluções a esse respeito* (3:6). "Tempo de buscar e tempo de perder; tempo de guardar e tempo de deitar fora". Acerca do "tempo de perder" Joan Chittister diz que nada é de todo mau e, citando Sêneca, diz: "Não há mal sem compensação, pois quanto menos dinheiro, menos problemas; quanto menos favores, menos inveja".[24] Se o jovem advogado indiano Mohandas Ghandi nunca tivesse sido jogado de um trem na África do Sul por ser uma pessoa de cor, é provável que o movimento que se tornou conhecido como "Resistência não violenta" nunca tivesse se desenvolvido. No entanto, sem ele, a própria Índia não poderia ter conquistado sua independência da Inglaterra por anos, nem os Estados Unidos teriam jamais efetuado o seu próprio movimento não violento pelos direitos civis. Se Helen Keller não tivesse sido surda, toda a comunidade de surdos ainda poderia estar sendo torturada pelo silêncio. Se Luiz Braile não tivesse sido cego, talvez toda a comunidade desprovida de visão estivesse sem o sistema braile de leitura. Concordo com Joan Chittister, quando diz que nós não ensinamos nossos filhos a perder. Os ensinamos como se perde. Os ensinamos os rituais da perda, mas nada sobre o papel da perda na vida. Neste mundo, aprendemos rapidamente que perder é fracassar, em vez de ser simplesmente outro caminho para um objetivo diferente.[25]

O resultado de não ensinarmos essa geração a pedagogia da perda é que temos tantas pessoas frustradas, fracassadas, drogadas, deprimidas, saltando no abismo do suicídio. Nós não fomos ensinados sobre a virtude da perda. Nas palavras de Joan Chittister, "a perda pode ser algo belo e libertador. Oferece uma oportunidade para que a pessoa recomece a vida, para que raspe as cracas do tempo e dissipe os arranhões dos anos".[26] A verdade é que perder alguma coisa pode ser o início de um novo mundo emocionante, uma vida totalmente nova, um modo de ser completamente diferente e ainda mais satisfatório. A perda é simplesmente outra entrada para a vida.[27]

Em sexto lugar, *o par seguinte representa as várias atividades do homem* (3:7a). "Tempo de rasgar e tempo de coser...". Warren Wiersbe diz que essa expressão, provavelmente, faz referência ao costume dos israelitas de rasgar as vestes em ocasiões de luto ou arrependimento (2Sm 13:31; Ed 9:5). Deus espera que nos entristeçamos ao perder entes queridos, mas que não o façamos como os incrédulos (1Ts

4:13-18). Chega um momento em que devemos pegar linha e agulha e começar a remendar o que é preciso.[28]

Em sétimo lugar, *os pares remanescentes têm a ver com a fala humana e seus afetos* (3:7b, 8). "... tempo de estar calado e tempo de falar; tempo de amar e tempo de aborrecer; tempo de guerra e tempo de paz".

Tempo de estar calado e tempo de falar. Esta é a regra de ouro da comunicação. Devemos ser tardios para falar (Tg 1:19) e só falar o que for verdadeiro e útil para a edificação (Ef 4:25,29). Há momentos que o silêncio é o mais eloquente discurso; porém, há hora que o silêncio é uma omissão criminosa. Há tempo para calar-se e tempo para falar.

Tempo de amar e tempo de aborrecer. Deus ama e odeia ao mesmo tempo. Sua perfeição moral exige que ele ame o bem e odeie o mal, que ame a virtude e odeie a perversão. O mesmo Deus que é amor é, também, o Deus que revela sua ira do céu contra toda impiedade e perversão dos homens (Rm 1:18).

É de bom alvitre destacar que não há palavra mais desgastada hoje do que a palavra "amor". O sexo guia essa cultura, não o amor. Machismo, feminismo, sexismo são formas de exploração, distorção e opressão em nome do amor. O amor é conhecido pelo que é, pelo que evita e pelo que faz (1Co 13:4-8). Nas palavras de Chittister, "o amor não se destina ao nosso próprio benefício. O amor nos liberta para que possamos ver os outros como Deus os vê".[29]

Tempo de guerra e tempo de paz. A história dos homens é a história das guerras. Há guerras e rumores de guerras. Nação contra nação, reino contra reino. Há guerras étnicas e tribais. Há guerras por motivações ideológicas e outras por motivos religiosos. Há guerras motivadas por nobres ideais como salvar vidas e outras por motivações vis, para oprimir e explorar os mais fracos. Hoje levantamos monumentos à paz, mas investimos na guerra. Falamos em justiça social, mas empregamos o maior orçamento das nações poderosas em armamentos de destruição. Hoje precisamos declarar guerra à guerra, pois não é sensato eliminar a guerra guerreando. Joan Chittister adverte:

> Tiramos jovens imberbes da cozinha materna para lhes ensinar como marchar cegamente para a morte, como destruir aquilo que não conhecem, como odiar o que não viram. Transformamos em vítimas os próprios vencedores. Chamamos de "defesa" as mutilações psicológicas, a depilação física, a distorção espiritual dos defensores mais vulneráveis da nação. Transformamos seus pais, namoradas e filhos em idosos, viúvas e órfãos, antes da hora. Produzimos um deserto e o chamamos de paz.[30]

Devemos declarar guerra sem trégua contra o mal. Guerra contra o diabo, guerra contra o pecado. Guerra contra tudo aquilo que se levanta contra Deus, contra o próximo, contra a dignidade da vida. Devemos confrontar o mal sem nos tornar maus. Ao mesmo tempo devemos promover a paz, alistando-nos como soldados do Príncipe da paz. Como pacificadores e ministros da reconciliação devemos promover a paz e, no que depender de nós, devemos viver em paz com todos os homens.

Concluo essas parelhas abrangentes, com as palavras de Warren Wiersbe:

> A vida é parecida com um medicamento: se tomados em separado, os ingredientes podem ser letais, mas se devidamente misturados, promovem a cura. Em sua soberania Deus está no

controle e tem um tempo e um propósito para todas as coisas (Rm 8:28). Não se trata de fatalismo nem de uma ideia que nos priva de nossa liberdade ou responsabilidade. Trata-se da providência sábia do Pai Amoroso que não erra e promete que tudo cooperará para o bem.[31]

Cristo, a exemplificação perfeita da soberania de Deus no tempo

Podemos vincular esse poema à pessoa e à obra de Jesus Cristo. Ele viveu dentro da agenda estabelecida na eternidade. Ele nasceu na plenitude dos tempos (Gl 4:4) e morreu no tempo determinado por Deus (Jo 19:30). As autoridades religiosas de Israel tramaram contra ele, para prendê-lo, mas não conseguiram, pois ainda "não era chegada a sua hora" (Jo 7:30). Os principais sacerdotes e escribas orquestraram para prendê-lo à traição dois dias antes da festa da Páscoa e matá-lo depois da festa, mas não conseguiram, pois ele "morreu a seu tempo pelos ímpios" (Rm 5:6). Jesus ressuscitou também na hora certa, no terceiro dia, como as Escrituras haviam prometido (Lc 24:45,46; 1Co 15:4). Desde o seu nascimento até à sua morte e ressurreição, Jesus fez tudo na hora certa.

Não somente a vida, a morte e a ressurreição de Jesus aconteceram rigorosamente dentro da "sua hora", mas, também, as ações do seu ministério enquadram-se nesse poema do tempo. Ele sabia a hora certa de procurar as ovelhas perdidas e a hora de desistir daqueles que recusavam a ouvir sua voz. Ele abraçou os publicanos e pecadores, mas não os escribas e fariseus besuntados de orgulho. Ele falou quando era a hora de falar e calou-se quando era a hora do silêncio. Ele conhece o tempo para amar e o tempo para odiar, levantando-se contra o mal e a injustiça. Ele conhece o tempo para a guerra contra os inimigos de Deus e o tempo de amar aqueles que o Pai lhe deu.

Aplicação

O tempo é um bem precioso. Se perdido não pode ser recuperado. Devemos, portanto, remir o tempo, porque os dias são maus (Ef 5:16). Devemos esperar pelo tempo de Deus. Não cabe a nós conhecer tempos ou épocas que o Pai reservou pela sua exclusiva autoridade (At 1:7). Somos convocados a esperar no Senhor, pois Ele vê o futuro no seu eterno agora e trabalha para aqueles que nele esperam.

Precisamos, viver de maneira justa, sensata e piedosamente porque um dia teremos que prestar contas da administração do nosso tempo. A morte chega para todos e depois da morte vem o juízo (Hb 9:27).

Devemos fazer bom uso do tempo de que dispomos, vivendo para glorificar a Deus e para amar ao próximo como a nós mesmos, sabendo que no tempo conhecido pelo Pai, Jesus voltará, trazendo o descanso eterno do reino de Deus.

NOTAS

[1] LÍNDEZ, José Vílchez. *Eclesiastes*. São Paulo: Paulus, 1994, p. 213.
[2] WIERSBE, Warren W. *Comentário bíblico expositivo*. Vol. 3, 2006, p. 466.
[3] LÍNDEZ, José Vílchez. *Eclesiastes*, 1994, p. 216.
[4] RYKEN, Philip Graham. *Eclesiastes*, 2017, p. 88.
[5] LÍNDEZ, José Vílchez. *Eclesiastes*, 1994, p. 214.
[6] RYKEN, Philip Graham. *Eclesiastes*, 2017, p. 86,88.

[7] _____. *Eclesiastes*, 2017, p. 89.
[8] EATON, Michael A. *Eclesiastes*, 2017, p. 85.
[9] WIERSBE, Warren W. *Comentário bíblico expositivo*. Vol. 3, 2006, p. 466.
[10] LÍNDEZ, José Vílchez. *Eclesiastes*, 1994, p. 217.
[11] WIERSBE, Warren W. *Comentário bíblico expositivo*. Vol. 3, 2006, p. 466-469.
[12] NETO, Emilio Garofalo. *Eclesiastes e a vida debaixo do sol*, 2020, p. 165.
[13] RYKEN, Philip Graham. *Eclesiastes*, 2017, p. 88,89.
[14] EATON, Michael A. *Eclesiastes*, 2017, p. 85.
[15] RYKEN, Philip Graham. *Eclesiastes*, 2017, p. 90.
[16] WIERSBE, Warren W. *Comentário bíblico expositivo*. Vol. 3, 2006, p. 467.
[17] CHITTISTER, Joan. *Para tudo há um tempo*, 2019, p. 74.
[18] CHITTISTER, Joan. *Para tudo há um tempo*, 2019, p. 90.
[19] RYKEN, Philip Graham. *Eclesiastes*, 2017, p. 91.
[20] CHITTISTER, Joan. *Para tudo há um tempo*, 2019, p. 48-51.
[21] WIERSBE, Warren W. *Comentário bíblico expositivo*. Vol. 3, 2006, p. 467.
[22] LÍNDEZ, José Vílchez. *Eclesiastes*, 1994, p. 222.
[23] CHITTISTER, Joan. *Para tudo há um tempo*. 2019, p. 107.
[24] _____. *Para tudo há um tempo*. 2019, p. 27.
[25] _____. *Para tudo há um tempo*. 2019, p. 28,29.
[26] _____. *Para tudo há um tempo*. 2019, p. 30.
[27] _____. *Para tudo há um tempo*. 2019, p. 33,34.
[28] WIERSBE, Warren W. *Comentário bíblico expositivo*. Vol. 3, 2006, p. 467.
[29] CHITTISTER, Joan. *Para tudo há um tempo*, 2019, p. 44.
[30] _____. *Para tudo há um tempo*, 2019, p. 56,57.
[31] WIERSBE, Warren W. *Comentário bíblico expositivo*. Vol. 3, 2006, p. 467,568.

Capítulo 7

As grandes questões da vida

(Ec 3:9-22)

MICHAEL EATON, ERUDITO ESTUDIOSO das Escrituras, diz que os oito versículos anteriores declaram o controle providencial da vida, porém, com pouca interpretação ou comentário. Não se menciona o Deus que origina e controla este programa de "tempos". Não se explicou, tampouco, a relevância que isto tem na vida diária. Os versículos a seguir (3:9-15) retificam essa dupla omissão. A elucidação é, ao mesmo tempo, pessimista e otimista.[1]

O texto em tela está dividido em dois pontos principais: a realidade da eternidade e a certeza da morte. Aqui, mais uma vez, as grandes questões da vida são tratadas. Vejamos:

A eternidade, uma realidade inegável (3:9-15)

Destacaremos, aqui, seis pontos importantes:

Em primeiro lugar, *a visão secularizada do trabalho produz frustração* (3:9,10). "Que proveito tem o trabalhador naquilo com que se afadiga? Vi o trabalho que Deus impôs aos filhos dos homens, para com ele os afligir". Harper está coberto de razão, quando diz que o homem que vive somente para este mundo nunca está longe da frustração.[2] O trabalho é uma dádiva de Deus, mas nunca um substituto de Deus. O trabalho deve ser litúrgico, como um culto a Deus, e não como um castigo pesado. A visão secularizada do trabalho produz frustração.

Em segundo lugar, *a visão teocêntrica da vida traz esperança* (3:11a). "Tudo fez Deus formoso no seu devido tempo...". Há aqui um lampejo de esperança. Uma nova visão da vida. Salomão diz que Deus dispôs os eventos em seus próprios tempos de forma formosa. Assim, os tempos, em vez de serem motivos de desespero, são fonte de alegria. Não apenas há um tempo para tudo, mas Deus sempre faz tudo na hora certa, de maneira formosa. Concordo com Ryken, quando diz que a cronologia de Deus é bonita, pois não importa quando Deus faz algo, ele sempre o faz na hora certa. Ele sabe a hora para derrubar e edificar, para guardar e jogar fora, para guerra e para paz.[3] Deus abre portas e fecha portas. Nas palavras do compositor Josué Rodrigues, "portas abertas e portas fechadas são a mesma coisa, se abertas ou fechadas por Deus". Não devemos esmurrar as portas fechadas nem deixar de entrar pelas portas abertas. Por meio dessas providências, Deus está nos dando livramentos e nos conduzindo em triunfo, pois trabalha para os que nele esperam e faz com que todas as coisas cooperem para o nosso bem. Philip Ryken resume bem esse conceito bíblico: "O Salvador, que nasceu 'na plenitude do tempo' (Gl 4:4) e que morreu por nossos pecados 'a seu tempo' (Rm 5:6) tem um maravilhoso senso de cronologia".[4]

Em terceiro lugar, *a visão da eternidade dá sentido à vida* (3:11b). "... também pôs a eternidade no coração do homem, sem que este possa descobrir as obras que Deus fez desde o princípio até ao fim". O homem, diferente dos seres que voam, terrestres e aquáticos, foi criado à imagem e semelhança de Deus. Nossa vida não se limita ao breve percurso do berço à sepultura. Deus colocou a eternidade em nosso coração. Por isso, as coisas terrenas não podem nos satisfazer. Caminhamos para um lar eterno. Nossa pátria está no céu. Warren Wiersbe, citando o puritano inglês Thomas Watson, diz: "Para os piedosos, a eternidade é um dia no qual o sol nunca se põe. Para os perversos, é uma noite na qual o sol nunca nasce".[5]

O homem tem uma insatisfação inata com as coisas deste mundo. Festas, bebidas, empreendimentos, riquezas, prazeres e fama não podem preencher o vazio do seu coração (2:1-11). Esse vazio tem o formato de Deus. Foi o próprio Deus quem colocou a eternidade no coração do homem, a fim de que ele não encontre satisfação nas coisas terrenas e temporais. O nosso desejo pela eternidade é uma evidência eloquente que fomos feitos para outro mundo. C. S. Lewis esclarece:

> Se eu encontrar dentro de mim um desejo que nenhuma experiência deste mundo possa satisfazer, a explicação mais provável é que eu fui feito para outro mundo. Se nenhum dos meus prazeres terrenos consegue satisfazê-lo, isso não prova que o universo seja uma fraude. É provável que o papel dos prazeres

terrenos jamais foi satisfazê-lo, mas despertá-lo, sugerir a coisa verdadeira.[6]

É conhecido o que disse Agostinho de Hipona, em suas Confissões: "Senhor, tu nos criaste para ti e nossa alma não encontrará pouso seguro até voltarmo-nos para ti". Nas palavras de Philip Ryken, "nascemos com uma saudade de outro mundo — de uma vida com Deus que se encontra além do alcance do tempo mortal".[7] Cada um de nós nasceu com um desejo profundamente arraigado, um impulso compulsivo de conhecer o caráter, a composição e o sentido do mundo, bem como de discernir o seu propósito e destino.[8]

Michael Eaton lança luz sobre o conceito de eternidade:

> Eternidade era algo importante, na herança de Israel. A vida eterna tinha sido perdida (Gn 3:22), uma "aliança" eterna havia sido inaugurada (Gn 9:16) pelo Deus eterno (Sl 90:2). Um sacerdócio eterno (Êx 40:15) e um reino eterno (2Sm 7:13) foram concedidos pelo Deus eternamente misericordioso (Sl 111:5), dando a seu povo gozo eterno (Is 35:10). A eternidade dos tratos de Deus com a humanidade corresponde a algo existente dentro de nós: fomos dotados de capacidade para as coisas eternas, temos interesse pelo futuro, desejamos entender do princípio ao fim, e temos o senso de algo que transcende nossa situação imediata. Nossa consciência de Deus é parte de nossa natureza, e a supressão dessa consciência, parte de nosso pecado (Rm 1:18-21).[9]

Em quarto lugar, *a vida humana pode ser prazerosa no presente* (3:12,13). "Sei que nada há melhor para o homem do que regozijar-se e levar a vida regalada; e, também, que é dom de Deus que possa o homem comer, beber e desfrutar o bem de todo o seu trabalho". Gozar a vida é um tema recorrente em Eclesiastes. Obviamente Salomão não está, aqui, erguendo o estandarte do hedonismo pagão, mas, sim, defendendo a ideia de que o homem pode gozar as dádivas de Deus como fruto de seu labor. Devemos celebrar as coisas boas da vida — comer, beber e desfrutar os prazeres que Deus fez para nos alegrar. Concordo com Michael Eaton, quando diz que a busca do prazer que anteriormente o Pregador encetara, a fim de "gozar de todo bem" (2:1), encerrou-se com uma conclusão triste. Agora, ele declara que podemos gozar o bem (2:24,26) e até mesmo torná-lo realidade. Está aberta para ele a porta da busca ativa e genuína da alegria que satisfaz de verdade. O novo fator decisivo é a soberania de Deus. O secularismo abre caminho para o teísmo; o pessimismo, para o otimismo; a autonomia humana, para a fé humana.[10]

Em quinto lugar, *a vida humana está sob o controle divino* (3:14). "Sei que tudo quanto Deus faz durará eternamente; nada se lhe pode acrescentar e nada lhe tirar; e isto faz Deus para que os homens temam diante dele". Salomão ressalta a necessidade de aceitarmos, com reverência, a soberania de Deus sobre o tempo e a eternidade. Volta-se, aqui, o pensamento para a segurança da vida do crente. A terra está cheia de futilidade, transitoriedade e falta de confiança (1:2-11). A segurança deve ser procurada na graça e na soberania de Deus. O versículo em apreço salienta três aspectos da ação de Deus: Primeiro, ela é permanente; segundo, ela é eficiente e completa; terceiro, as ações de Deus são totalmente seguras.[11]

Por que Deus faz o que faz? Para que os homens temam diante dele! Temer a Deus não é ter pavor dele, mas reverenciá-lo. Temer a Deus significa confiar em sua sábia e bondosa providência, sabendo que todas as coisas estão sob o seu controle e governo e cooperam para o nosso bem. O temor do Senhor é o princípio da sabedoria (Sl 110:10; Pv 1:7).

Em sexto lugar, *Deus está no controle do ciclo da vida* (3:15). "O que é já foi, e o que há de ser também já foi; Deus fará renovar-se o que se passou". O versículo em tela retorna ao que foi enfatizado em Eclesiastes 1:9-11 e deixa claro que Deus está no controle do ciclo da vida. O passado parece se repetir. A visão cíclica da história, defendida pelos gregos, parece ser a tese levantada aqui. Porém, Deus sendo o senhor do tempo, pode entrar na História com suas intervenções soberanas, virar a mesa e criar fatos novos. Warren Wiersbe diz, corretamente, que os seus muitos milagres são prova de que o ciclo é um padrão e não uma prisão.[12] Michael Eaton tem razão em dizer que Deus é quem mantém os ciclos da natureza e da história em andamento: a esperança do crente é tão imutável como o desespero do pessimista.[13]

O julgamento de Deus, uma certeza inequívoca (3:16-22)

Michael Eaton diz que esta unidade contém uma observação (3:16), dois comentários (3:17,18-21) e chega a uma conclusão (3:22). O escritor diz: (*vi... disse... disse... pelo que vi*). O padrão de observação (*vi*) seguido de comentários (*disse*) é encontrado várias vezes em Eclesiastes (2:13-25; 7:25-27; 8:14).[14] Destacaremos alguns pontos importantes:

Em primeiro lugar, *a injustiça desenfreada no mundo é um fato* (3:16). "Vi ainda debaixo do sol que no lugar do juízo reinava a maldade e no lugar da justiça, maldade ainda". Salomão apresenta um problema da vida que é observável, a saber, a clamorosa injustiça nas cortes. Nas palavras de Philip Ryken, "as salas da justiça se transformam em corredores de corrupção. Assim, os opressores têm todas as vantagens do seu lado. O poder está do seu lado, deixando às vítimas nada além das lágrimas".[15] Salomão, há três mil anos, constata perversão moral nos tribunais (3:16; 4:1). Ele observa que nas cortes onde deveria haver juízo, havia impiedade; onde deveria haver justiça, havia mais impiedade ainda. O lugar do juízo é injusto. Os juízes são injustos. As sentenças são injustas. Os injustos são tidos por justos e os justos são tidos como injustos. O sistema jurídico é injusto e está a serviço da injustiça. Inocentes são condenados e criminosos são inocentados. Líndez capta com clareza essa distorção da justiça, quando escreve:

> Salomão descobre que a injustiça como norma de convivência social de fato se institucionalizou, que a arbitrariedade impera no que deveria ser a administração da justiça, o que se identifica com uma corrupta parcialidade dos juízes em favor dos poderosos e contra os fracos. O direito e a justiça deveriam ser os pilares fundamentais em que se sustentariam toda sociedade e todo estado que se chama de direito e se pretende estável. A realidade é bem outra como a história nos ensina e Salomão confirma: o que na verdade prevalece é a lei do mais forte, que necessariamente gera mais injustiça e violência.[16]

Salomão não está fazendo um diagnóstico apenas de seus dias, mas uma leitura real dos nossos dias. Depois de três mil anos, ainda vemos os tribunais torcendo a justiça, punindo inocentes e isentando de culpa criminosos. Há aqui uma espécie de frustração. Nas palavras de Lutero, "Salomão não está se queixando porque existe maldade no lugar do juízo, mas porque a maldade no lugar do juízo não pode ser corrigida".[17] Os profetas de Deus sempre ergueram a sua voz contra a injustiça (Am 4:1; Ez 22:12; Zc

7:9,10). O profeta Isaías pronunciou o "ai" de Deus contra "os que decretam leis injustas, os que escrevem leis de opressão (Is 10:1).

A grande questão é como reconciliar a presença do mal num mundo regido pelo Deus santo e justo? A resposta é que Deus um dia julgará tanto o justo como o ímpio. Desse assunto trataremos no próximo tópico.

Em segundo lugar, *o julgamento de Deus é inevitável* (3:17). "Então, disse comigo: Deus julgará o justo e o perverso; pois há tempo para todo propósito e para toda obra". Deus tem um tempo certo para todas as coisas, inclusive para o julgamento (Mt 13:24-30,36-43). Nem sempre Deus julga na hora o justo para o galardoar e o perverso para o punir. É bem verdade que o julgamento divino não é apenas final, mas, também, no decurso da História (Rm 1:24-28). O que o homem semeia, ele ceifa no tempo e na eternidade (Gl 6:7). Como diz Philip Ryken, nossa confiança pela aplicação da justiça não está no sistema judiciário, mas no Juiz Supremo, Jesus Cristo.[18] Ele julgará justos e injustos (At 17:30,31). O Juiz de toda a Terra fará justiça (Gn 18:25). Os ímpios serão castigados para sempre (Mt 25:41-46), mas os justos serão consolados, pois Deus lhes enxugará dos olhos toda lágrima (Ap 21:4). A justiça dos homens é falha, mas a justiça divina virá e não tardará (Hc 2:3).

Em terceiro lugar, *a morte é certa* (3:18-21). O Pregador escreve:

> Disse ainda comigo: é por causa dos filhos dos homens, para que Deus os prove, e eles vejam que são em si mesmos como os animais. Porque o que sucede aos filhos dos homens sucede aos animais; o mesmo, lhes sucede: como morre um, assim morre

o outro, todos têm o mesmo fôlego de vida, e nenhuma vantagem tem o homem sobre os animais; porque tudo é vaidade. Todos vão para o mesmo lugar; todos procedem do pó e ao pó tornarão. Quem sabe se o fôlego de vida dos filhos dos homens se dirige para cima e o dos animais para baixo, para a terra?

A certeza da morte é um tema presente em todo o livro de Eclesiastes (2:12-23; 4:8; 5:15,16; 6:6; 8:8; 9:2,3,12; 12:7,8). Deus criou anjos, homens e animais. Os anjos são espírito e não têm corpo. Os animais têm corpo, mas não espírito. O homem tem corpo e espírito. Os anjos não morrem. Os animais morrem e deixam de existir. Os homens, quando morrem, seu corpo que foi feito do pó, é pó, e volta ao pó (Gn 3:19), mas seu espírito volta para Deus, que o deu (12:7). A semelhança entre a morte de um animal e a morte de um ser humano é apenas no aspecto físico. Ambos foram feitos do pó e ambos voltam ao pó e nisso não há diferença. Porém, o animal é apenas pó. Mas o homem recebeu o sopro divino e passou a ser alma vivente. Portanto, enquanto o animal morre e desce à terra; o homem ao morrer, sendo pó, volta ao pó, mas seu espírito volta para Deus (12:7).

A tradução melhor para o versículo 21 seria: "Quem conhece o espírito do homem que sobe, e o espírito do animal que desce à terra?". Há uma diferença entre o homem e o animal no destino após a morte. Quando os animais morrem, eles simplesmente morrem, mas quando um ser humano morre seu espírito sobe para o céu. Para o homem há vida após a morte. Nas palavras do salmista: "Deus remirá minha alma da morte, pois ele me tomará para si" (Sl 49:15). Nossa convicção está firmada no fato de Jesus, o Filho de Deus, ter morrido e ressuscitado como primícias dos que dormem (1Co 15:20). Jesus arrancou o aguilhão da morte, matou a morte, e trouxe à luz a vida e a imortalidade (2Tm 1:10).

Em quarto lugar, *o contentamento é possível* (3:22). "Pelo que vi não haver coisa melhor do que alegrar-se o homem nas suas obras, porque essa é a sua recompensa; quem o fará voltar para ver o que será depois dele?". A vida é bela e deve ser recebida como um presente de Deus. É legítimo, portanto, desfrutar do fruto do nosso trabalho, enquanto aqui estamos, pois depois da morte ninguém poderá voltar para usufrui-lo novamente (6:12; 7:14; 9:3).

Notas

[1] EATON, Michael A. *Eclesiastes: introdução e comentário*, 2017, p. 87.
[2] HARPER, A. F. *O livro de Eclesiastes*. In *Comentário bíblico Beacon*. Vol. 3, 2015, p. 439.
[3] RYKEN, Philip Graham. *Eclesiastes*, 2017, p. 99.
[4] RYKEN, Philip Graham. *Eclesiastes*, 2017, p. 100.
[5] WIERSBE, Warren W. *Comentário bíblico expositivo*. Vol. 3, 2006, p. 468.
[6] LEWIS, C. S. *Mere Christianity*. Macmillan, New York, NY. 1952, p. 120.
[7] RYKEN, Philip Graham. *Eclesiastes*, 2017, p. 98.
[8] _____. *Eclesiastes*, 2017, p. 100.
[9] EATON, Michael A. *Eclesiastes: introdução e comentário*, 2017, p. 88.
[10] _____. *Eclesiastes: introdução e comentário*, 2017, p. 89.
[11] Idem.
[12] WIERSBE, Warren W. *Comentário bíblico expositivo*. Vol. 3, 2006, p. 469.
[13] EATON, Michael A. *Eclesiastes: introdução e comentário*, 2017, p. 90.
[14] _____. *Eclesiastes: introdução e comentário*, 2017, p. 91.
[15] RYKEN, Philip Graham. *Eclesiastes*, 2017, p. 111.
[16] LÍNDE, José Vílchez. *Eclesiastes*, 1999, p. 239.
[17] LUTHER, Martin. *Notes on Ecclesiastes*. Concordia. St. Louis. 1972, p. 56.
[18] RYKEN, Philip Graham. *Eclesiastes*, 2017, p. 114.

Capítulo 8

Os retratos da vida debaixo do sol

(Ec 4:1-16)

SALOMÃO JÁ TINHA OLHADO para a vida debaixo do sol numa perspectiva filosófica e concluído que tudo era monótono (1:4-11). Agora, olha de novo, de uma maneira mais pragmática e conclui que a vida não é justa (4:1-6). Ele contempla quatro cenários, no quais a vida se desenrola debaixo do sol, ou seja, a vida como ela é longe de Deus e sem Ele (4:1,3,7). Faz uma leitura desses cenários e traz à lume suas conclusões e recomendações. Vejamos:

O cenário dos tribunais (4:1-3)

Salomão agora não filosofa, ele vê. É testemunha ocular dos fatos que passa a narrar. E o que ele vê? Vê tribunais injustos, em que os juízes oprimem os fracos. Aos inocentes que pleiteiam justiça, só lhes restam lágrimas inconsoláveis. Concordo com Michael Eaton quando diz que nenhuma época particular está em mira. A injustiça caracteriza a vida, como um todo. Trata-se do mal "debaixo do sol"; não debaixo da égide de qualquer governante em particular.[1]

Ao ver injustiça nos tribunais, Salomão acentua cinco realidades:

Em primeiro lugar, *opressão desumana* (4:1a). "Vi ainda todas as opressões que se fazem debaixo do sol...". O povo de Israel possuía um conjunto de leis justas (Êx 18:13-27; Dt 17,19), e por isso as autoridades deveriam julgar com justiça (Lv 19:15; Dt 1:17). As injustiças sociais foram firmemente combatidas (Is 56:1; Am 1-2; Mq 3:1-3). Salomão, porém, vê a opressão desumana prevalecendo nos tribunais. No mundo antigo, essas pessoas oprimidas eram geralmente os órfãos, as viúvas, os pobres e os estrangeiros. John McAlister diz que esse grupo poderia crescer e incluir povos inteiros, oprimidos por leis injustas e iníquas editadas por regentes poderosos e tirânicos, sem perspectiva de alívio e conforto para sua aflição (Is 10:1,2).[2] Ainda hoje vemos juízes maculando a sua toga, vendendo sentenças, para inocentar criminosos e condenar inocentes. O cenário da injustiça nos tribunais e a opressão dos poderosos sobre os fracos sem a perspectiva do juízo vindouro de Deus torna a vida assaz sombria (3:16,17).

Fico com as palavras de John McAlister:

> Aquele que sofreu nas mãos dos opressores poderosos, sendo julgado e morto na cruz do Calvário, tomou sobre si a opressão do nosso pecado, para que, pelo seu perdão, tivéssemos

verdadeiro consolo. Uma vez que experimentamos esse consolo, Cristo nos envia ao mundo para sermos consoladores dos que sofrem todo tipo de opressão — de natureza material, emocional, física, intelectual, moral ou espiritual — pelo poder do seu evangelho e da sua graça.[3]

Em segundo lugar, *lágrimas inconsoláveis* (4:1b). "... vi as lágrimas dos que foram oprimidos, sem que ninguém os consolasse...". Os pobres e fracos, sendo inocentes, não logravam êxito em seu pleito. Os tribunais estavam corrompidos. Os juízes estavam de mãos dadas com os poderosos para garantir que seus crimes fossem inimputáveis. Os oprimidos, desassistidos de esperança e privados de seus direitos, só podiam chorar. O choro é o grito dos oprimidos. É a voz dos injustiçados. É o amargo fruto das sentenças injustas que emanam dos tribunais. O sentido de desamparo debaixo do sol deixa claro que os recursos terrenos não dão alívio. Nas palavras de Michael Eaton, "a tristeza sem Deus conduz a maquinações suicidas (Mt 27:5; 2Co 7:10). O ponto de vista horizontal da vida não apresenta um sorriso debaixo da carranca do tirano".[4]

Em terceiro lugar, *descaso com os injustiçados* (4:1c). "... vi a violência na mão dos opressores, sem que ninguém consolasse os oprimidos". Pior do que a injustiça é a situação de torpor da sociedade, que se acostuma com ela. Ninguém se importa. Há um conformismo doentio e letárgico com o *status quo*. A violência está nas mãos dos opressores, mas ninguém reage, sequer para consolar os oprimidos. Nas palavras de Walter Kaiser Jr., "a porção dos oprimidos muitas vezes é a ausência de um consolador".[5]

Em quarto lugar, *desencanto com a vida* (4:2). "Pelo que tenho por mais felizes os que já morreram, mais do que os que ainda vivem". Warren Wiersbe diz que Salomão ficou tão arrasado com o que viu que decidiu que era melhor estar morto do que viver oprimido.[6] Seria melhor nunca ter nascido, para nunca ter tido conhecimento da vaidade da vida. Nas palavras de Walter Kaiser Jr., "não ter quem os console é pior do que a própria morte".[7] Harper destaca que esse desencanto com a vida deve ser considerado um estado de espírito do momento e não uma filosofia de vida, pois o próprio autor diz: "melhor é o cão vivo do que o leão morto" (9:4).[8]

Em quinto lugar, *desesperança com o futuro* (4:3). "Porém mais que uns e outros tenho por feliz aquele que ainda não nasceu e não viu as más obras que se fazem debaixo do sol". Salomão, ao ver a injustiça nos tribunais, diz que melhor do que morrer é não nascer, pois assim o indivíduo não teria de sofrer a perversa injustiça das cortes. Walter Kaiser Jr. escreve: "Na verdade, o caso dos oprimidos parece tão veementemente injusto e tão solitário que, como Jó (Jó 3:3-10), os oprimidos preferem não existir a continuar existindo".[9]

O cenário do mercado de trabalho (4:4-8)

Salomão sai do cenário dos tribunais para o do mercado de trabalho. Certamente o trabalho é uma dádiva de Deus (2:24). Foi ordenado por Ele antes da queda dos nossos pais (Gn 1:28). É ordenado como regra moral (Êx 20:9) e continuará existindo depois da glorificação (Ap 22:5).

Três fatos são constatados por Salomão no mercado de trabalho. Vejamos:

Em primeiro lugar, *a concorrência movida pela inveja* (4:4). "Então, vi que todo trabalho e toda destreza em obras provêm da inveja do homem contra o seu próximo. Também isto é vaidade e correr atrás do vento". Philip Ryken diz, com acerto, que como todas as outras bênçãos de Deus, o trabalho pode ser também distorcido pelo pecado. O trabalho pode ser motivado pela inveja e pelo desejo de subir na vida, passando por cima das pessoas.[10] O objetivo dessas pessoas ao aperfeiçoar suas aptidões e trabalhar com tanto afinco era competir com os outros e ganhar mais dinheiro que eles.

Obviamente não é o trabalho que causa rivalidade, mas deriva da rivalidade. A inveja é um sentimento egoísta e destruidor (Pv 6:34; 14:30). Não basta possuir, é preciso ter mais do que os outros. Não basta ter sucesso, é preciso superar os outros. Não basta crescer, é preciso erigir o sucesso sobre os escombros dos outros. Concordo com John McAlister, quando diz que se a motivação principal do nosso trabalho for a inveja que temos uns dos outros, essa busca jamais terá fim — assim como perseguir o vento. Isso porque sempre haverá alguém mais inteligente, mais bonito, mais esperto, mais carismático, mais próspero, mais bem-sucedido, mais realizado do que nós, por mais que nos esforcemos para alcançar a inteligência, a beleza, o carisma, a esperteza, a prosperidade e o bem-estar que vemos nos outros.[11]

O invejoso não quer apenas mais do que o outro tem; ele não quer que o outro tenha. O invejoso não suporta ver o sucesso dos concorrentes. Seu trabalho pode ser excelente, mas sua motivação está errada. Michael Eaton explica: "A maior motivação para o trabalho é a competição humana. O esforço empenhado (trabalho) e o sucesso nas técnicas adquiridas (destreza) frequentemente escondem a ambição da riqueza, da liderança, do poder ou do *status*".[12]

Concordo com Walter Kaiser Jr., quando diz que muitas vezes a regra do mundo dos negócios é a lei da selva.[13]

Em segundo lugar, *a preguiça embalada pela tolice* (4:5). "O tolo cruza os braços e come a própria carne, dizendo: 'Melhor é um punhado de descanso do que ambas as mãos cheias de trabalho e correr atrás do vento'". Salomão passa de um extremo ao outro. Ele sai da disputa invejosa pelo primeiro lugar, para o indivíduo sem ambição alguma que se rende à autofagia e à preguiça. A preguiça é fortemente reprovada por Salomão (Pv 18:9; 19:15; 24:30-34). Como diz Warren Wiersbe, "a preguiça é um caminho lento e confortável para a autodestruição".[14] Àquele que se rende ao sono e afrouxa as mãos ao trabalho a pobreza virá a ele como ladrão e a necessidade como um homem armado (Pv 6:10,11). O apóstolo Paulo é mais categórico: "Se alguém não quer trabalhar, também não coma" (2Ts 3:10).

Tanto o trabalho como o descanso são dádivas de Deus (Êx 20:8-11). Assim, Eclesiastes 4:6 é o meio caminho entre o vigor clamoroso do versículo 4 e o escapismo do versículo 5. John McAlister diz, corretamente, que melhor do que competir sem parar ou desistir da vida é viver movido pelo contentamento (4:6). Walter Kaiser Jr. corrobora ao dizer que em lugar da competitividade cruel, Salomão recomenda a moderação. O versículo 6 é semelhante à injunção paulina: "Grande fonte de lucro é a piedade com contentamento" (1Tm 6:6); ou mesmo os provérbios salomônicos: "Melhor é o pouco, havendo o temor do Senhor" (Pv 15:16) e "Melhor é o pouco, havendo justiça, do que grandes rendimentos com injustiça" (Pv 16:8).[15] Salomão exalta aquele que aprende a viver contente com um punhado com tranquilidade em vez de com dois punhados à custa de muito esforço. Melhor é viver contente com o conjunto de dons, talentos, habilidades, oportunidades e recursos que o Senhor lhe deu, do que tentar extrair o máximo dessa vida a fim de superar todos ao seu redor.[16] Jesus dá o mesmo conselho contra o trabalho extremo e ansioso empregado para se conseguir bens materiais (Mt 6:25-34). O contentamento é a chave deste versículo. Devemos encontrar satisfação na bondade de Deus. Harper diz que a habilidade de medir uma mão cheia de quietude fora das tensões e esforços do mundo tem poder curador e encorajador. Isso aquieta o espírito perturbado e antevê a cura final quando "os maus cessam de perturbar; e os cansados repousam" (Jó 3:17).[17]

Em terceiro lugar, *o trabalho árduo sem propósito* (4:7,8). "Então considerei outra vaidade debaixo do sol, isto é, um homem sem ninguém, não tem filho nem irmã; contudo, não cessa de trabalhar, e seus olhos não se fartam de riquezas; e não diz: 'Para quem trabalho eu, se nego à minha alma os bens da vida?' Também, isto, é vaidade e enfadonho trabalho". Agora, Salomão observa outro cenário. Vê um homem solitário, sem família, sem herdeiros, trabalhando à exaustão, e de forma avarenta, sem tempo sequer de usufruir os frutos do seu trabalho, num individualismo rude. Nas palavras de Derek Kidner, "esse homem é um acumulador de dinheiro compulsivo. Ele trabalha demais para ter tempo para fazer amizades ou começar uma família".[18] O trabalho é seu ídolo. O lucro é seu deus. Mas, no final, ao morrer, não tem para quem deixar a fortuna que acumulou. Ao morrer deixará tudo, pois nada poderá levar. Não há caminhão de mudança em enterro, gaveta em caixão nem bolso em mortalha.

Um cristão deve trabalhar para a glória de Deus, para o seu digno sustento, para o sustento de sua família, para socorrer, principalmente, aos domésticos da fé, bem como a seu próximo, ou seja, a todos os homens que estiverem ao seu alcance, inclusive seus próprios inimigos.

O cenário da cooperação (4:9-12)

Não há consenso entre os estudiosos acerca do que, de fato, Salomão está tratando nessa passagem. É óbvio que as lições podem ser aplicadas às diversas parcerias e alianças na caminhada da vida. Philip Ryken diz que aqui o Pregador não está falando simplesmente sobre o casamento, mesmo que cada casamento centrado em Deus seja prova viva desse princípio.[19] Michael Eaton diz que é possível que as três ilustrações sejam tiradas dos riscos de uma viagem: buracos e fossas ao longo do caminho (4:10), noites frias (4:11) e malfeitores tocaiados à beira da estrada (4:12a). Salientam as bênçãos do companheirismo no erro, ou no acidente (4:10), na adversidade (4:11), ou na habilidade (4:12a).[20]

É no casamento, entretanto, que podemos ver a aplicação mais eloquente desta passagem. Vejamos:

Em primeiro lugar, *parceria* (4:9). "Melhor é serem dois do que um, porque têm melhor paga do seu trabalho". Há aqui duas verdades em relevo. A primeira delas é que companhia é melhor do que solidão. Conexão é melhor do que competição.[21] Duas cabeças pensam melhor do que uma e dois pares de mãos trabalham melhor do que um par de mãos. Nas palavras de John McAlister, "Deus não nos chamou e nos salvou para si a fim de vivermos como cavaleiros solitários da fé".[22] Devemos preferir a sociedade e não a vida solitária de um eremita, o casamento e não a vida solitária do celibato. Portanto, a melhor ilustração desse princípio é o casamento. Este foi instituído por Deus para, exatamente, suprir essa necessidade. Foi Deus quem disse que não era bom o homem estar só (Gn 2:18). A segunda verdade é que na parceria, ambos, têm melhor paga de seu trabalho. Casamento é parceria e não competição. Ambos trabalham na mesma sintonia, com o mesmo propósito, e por isso têm melhor resultado. O sucesso advém mediante a cooperação.

Em segundo lugar, *suporte* (4:10). "Porque se caírem, um levanta o companheiro; ai, porém, do que estiver só; pois, caindo, não haverá quem o levante". Philip Ryken destaca que se estivermos sozinhos na jornada da vida podemos cair e ficar caídos. Mas não estamos sozinhos. Um irmão ou uma irmã em Cristo estará lá para nos levantar com palavras de encorajamento, lembrando-nos do amor e da misericórdia de Deus, ajudando-nos a nos levantar.[23] Mais uma vez o casamento ilustra de forma eloquente este princípio. Deus instituiu o casamento para ser um instituto de cooperação. A mulher deveria ser uma auxiliadora idônea e o homem, o protetor da mulher. Assim, um apoia o outro. Se um cair, o outro o levanta, porque marido e mulher não são rivais, mas amigos de jornada na estrada da vida. São suporte um para o outro. Concordo com Michael Eaton, quando diz que o provérbio aqui vai além do acidente físico; lapsos de julgamento e outros tipos de quedas ao longo do caminho que precisam, igualmente, de mão amiga.[24]

Em terceiro lugar, *calor humano* (4:11). "Também, se dois dormirem juntos, eles se aquentarão; mas um só como se aquentará?". Este princípio transcende as bênçãos do leito conjugal, muito embora um dos privilégios da vida conjugal é marido e mulher partilharem a mesma cama, sendo *cobertor de orelha* um para o outro e se aquecendo nos invernos da vida. Michael Eaton destaca que, embora o texto possa aludir a marido e mulher, aplica-se também aos viajantes, nas frias noites de inverno, que dormiam bem juntos. Certamente o provérbio diz respeito a companheirismo na adversidade, na tentação e na tristeza.[25]

Em quarto lugar, *proteção* (4:12). "Se alguém quiser prevalecer contra um, os dois lhe resistirão; o cordão de três dobras não se rebenta com facilidade". O viajante solitário poderia ser vencido por um ladrão e assaltante das estradas. A segurança da viagem estava no número de viajantes. A força da corda de três dobras era proverbial no mundo antigo (Am 1:3).[26]

Os cônjuges, regidos pelo amor, se protegem. Amar o cônjuge é amar a si mesmo. Proteger o cônjuge é proteger a si mesmo. Eles são uma só carne (Gn 2:24) e ninguém jamais odiou sua própria carne (Ef 5:29). Marido e mulher são um cordão de duas dobras. A terceira dobra pode ser uma referência a um filho que nasce a um casal recém-casado ou mesmo uma referência ao próprio Deus que instituiu o casamento. Assim, o casamento não é apenas uma aliança entre marido e mulher, mas uma aliança na presença de Deus, sob a bênção divina. O casamento é um cordão de três dobras: marido, mulher e Deus. Esse cordão é assaz resistente. A união faz a força!

O cenário do palácio (4:13-16)

Salomão, pela quarta vez neste capítulo, começa com a palavra "melhor" (4:3,6,9,13). Na passagem em tela, o rei pregador trata de duas realidades inegáveis:

Em primeiro lugar, *o caráter instável do poder político* (4:13,14). "Melhor é o jovem pobre e sábio do que o rei velho e insensato, que já não se deixa admoestar, ainda que aquele saia do cárcere para reinar ou nasça pobre no reino deste". Em outros tempos, o rei da história havia dado ouvidos a seus conselhos e governado com sabedoria, mas, ao envelhecer, havia se recusado a receber conselhos. O orgulho subiu à sua cabeça. Os bajuladores o mantinham longe da realidade. O rei velho e insensato deixou de ter um espírito ensinável. O jovem pobre está na prisão, mas será coroado, fazendo uma rápida viagem da masmorra ao trono, da obscuridade à realeza, enquanto aquele será apeado do trono e despejado do palácio. O texto não detalha os motivos da prisão do jovem pobre nem descreve as razões pelas quais o rei velho e insensato deixou de ouvir conselhos. Warren Wiersbe escreve:

> O rapaz havia nascido pobre, mas ficou rico. O rei idoso era rico, mas nem por isso mais sábio e, portanto, era como se fosse pobre. O rapaz estava na prisão, mas saiu de lá e subiu ao trono. O rei era prisioneiro de sua estupidez e perdeu o trono. A riqueza e o poder não são garantias de sucesso, e a pobreza e o aparente fracasso não são empecilho para grandes realizações. A chave é a sabedoria.[27]

Philip Ryken diz que de todos os contrastes entre os dois reis — juventude *versus* idade, pobreza *versus* riqueza, sabedoria *versus* tolice —, o mais importante é a sua atitude em relação a conselhos. O velho rei "já não se deixa admoestar" (4:13). No passado, ele havia ouvido seus conselheiros, mas agora ele aconselhava a si mesmo, e por isso deixou de ter utilidade para o seu povo. Essa tragédia tem se repetido muitas vezes na história das nações e, infelizmente, também no ministério da igreja, quando homens velhos se agarram a posições de poder, recusando-se a abrir mão.[28] Precisamos ter um espírito aberto ao ensino.

Em segundo lugar, *o caráter volúvel da popularidade* (4:15,16). "Vi todos os viventes que andam debaixo do sol com o jovem sucessor, que ficará em lugar do rei. Era sem conta todo o povo que ele dominava; tampouco os que virão depois se hão de regozijar nele. Na verdade, que também isto é vaidade e correr atrás do vento".

Salomão continua a história, mostrando como o jovem saiu da prisão e subiu ao trono por entusiasmada aclamação pública. O jovem entronizado, mesmo ovacionado pelo seu povo, não está seguro, pois sua popularidade não durou muito tempo, inobstante ter se tornado líder de uma multidão e ter sido notoriamente popular. Nas palavras de Warren Wiersbe, "um dia, a geração mais jovem cresceu e o rejeitou. Essa gente mais jovem depôs o rei e colocou outro em seu lugar".[29] Michael Eaton coloca essa mesma realidade assim: "O povo é instável: pode atirar as palmas ao recém-chegado num instante, mas alguns dias depois vocifera: crucifica-o!".[30] Derek Kidner é enfático: "O novo rei alcançou o cume da glória humana, apenas para ficar encalhado ali. É mais um anticlímax humano e uma conquista vazia".[31] Philip Ryken, nessa mesma linha de pensamento, escreve:

> A fama é passageira. Não importa quão popular um governante seja, virá o dia em que outra pessoa assumirá o seu lugar e em que toda a sua glória se dissipará. No fim, todos acabam sendo dispensáveis. O velho rei já pode ter passado de seu auge, mas o jovem ascendente também não viverá para sempre.[32]

Concordo com as palavras de John McAlister, quando diz que Salomão, em Eclesiastes, chegou ao fim de suas respostas; mas o evangelho não. Ele escreve:

> Após observar de perto essa série de retratos na parede do corredor de Salomão, é como se por cima de todos eles pairasse o retrato de Cristo em sua cruz. É na cruz de Cristo que encontramos o consolo e o conforto em meio à opressão deste mundo. É nela que encontramos contentamento em tempos de competição e comunhão em tempos de alienação e isolamento. É na cruz de Cristo que enxergamos um jovem rei, de origem humilde na Galileia, aclamado pelas multidões em Jerusalém como "rei de Israel", e dias depois rejeitado aos brados de "crucifica-o!". Mas, ao terceiro dia, Cristo ressuscitou! Está à direita de Deus Pai. E aqueles que nele confiam não precisam viver como reféns da solidão. Portanto, por mais marcantes que sejam os retratos de Eclesiastes da vida debaixo do sol, mais marcante ainda é o retrato que temos no evangelho do Cristo crucificado e ressurreto, em quem encontramos a nossa verdadeira vida e companhia debaixo do sol.[33]

Notas

[1] EATON, Michael A. *Eclesiastes: introdução e comentário*, 2017, p. 97,98.
[2] MCALISTER, John. *O verdadeiro valor da vida*, 2021, p. 107.
[3] Idem, p. 109.
[4] EATON, Michael A. *Eclesiastes: introdução e comentário*, 2017, p. 98.
[5] JR, KAISER, Walter C. *Eclesiastes*, 2015, p. 93.
[6] WIERSBE, Warren W. *Comentário bíblico expositivo*. Vol. 3, 2006, p. 471.
[7] JR. KAISER, Walter C. *Eclesiastes*, 2015, p. 93.
[8] HARPER, A. F. *O livro de Eclesiastes*. In *Comentário bíblico Beacon*. Vol. 3, 2015, p. 440.
[9] JR. KAISER, Walter C. *Eclesiastes*, 2015, p. 93.

10. RYKEN, Philip Graham. *Eclesiastes*, 2017, p. 121.
11. MCALISTER, John. *O verdadeiro valor da vida*, 2021, p. 109,110.
12. EATON, Michael A. *Eclesiastes: introdução e comentário*, 2017, p. 99.
13. JR. KAISER, Walter C. *Eclesiastes*, 2015, p. 94.
14. WIERSBE, Warren W. *Comentário bíblico expositivo*. Vol. 3, 2006, p. 472.
15. JR. KAISER, Walter C. *Eclesiastes*, 2015, p. 94,95.
16. MCALISTER, John. *O verdadeiro valor da vida*, 2021, p. 110.
17. HARPER, A. F. *O livro de Eclesiastes*. In *Comentário bíblico Beacon*. Vol. 3, 2015, p. 441.
18. KIDNER, Derek. *Ecclesiastes*, 1976, p. 46.
19. RYKEN, Philip Graham. *Eclesiastes*, 2017, p. 128.
20. EATON, Michael A. *Eclesiastes: introdução e comentário*, 2017, p. 100,101.
21. RYKEN, Philip Graham. *Eclesiastes*, 2017, p. 128.
22. MCALISTER, John. *O verdadeiro valor da vida*, 2021, p. 114.
23. RYKEN, Philip Graham. *Eclesiastes*, 2017, p. 128,129.
24. EATON, Michael A. *Eclesiastes: introdução e comentário*, 2017, p. 101.
25. Idem.
26. Ibidem.
27. WIERSBE, Warren W. *Comentário bíblico expositivo*. Vol. 3, 2006, p. 474.
28. RYKEN, Philip Graham. *Eclesiastes*, 2017, p. 125.
29. WIERSBE, Warren W. *Comentário bíblico expositivo*. Vol. 3, 2006, p. 474.
30. EATON, Michael A. *Eclesiastes: introdução e comentário*, 2017, p. 103.
31. KIDNER, Derek. *The Message of Ecclesiastes*, 1976, p. 52.
32. RYKEN, Philip Graham. *Eclesiastes*, 2017, p. 124.
33. MCALISTER, John. *O verdadeiro valor da vida*, 2021, p. 117.

Capítulo 9

Olhando para a vida na perspectiva de Deus

(Ec 5:1-20)

PROSSEGUINDO EM SUA ANÁLISE da vida, Salomão, que já havia examinado o cenário dos tribunais, do mercado de trabalho, da mútua cooperação na jornada da vida e do palácio, agora volta sua atenção para o cenário do templo, aonde as pessoas iam para adorar. O que o Pregador vê não lhe agrada. Vejamos:

A reverência do culto público (5:1-7)

Há cinco verdades solenes que destaco aqui:

Em primeiro lugar, *aproxime-se com reverência* (5:1a). "Guarda o teu pé, quando entrares na casa de Deus...". Salomão observa os adoradores indo ao templo e vindo dele, para louvar a Deus e fazer sacrifícios e votos. Ele nota que há pessoas cuja adoração é superficial e hipócrita. Então, exorta os adoradores a guardarem o pé quando entrarem na casa de Deus. O texto não diz "se entrares na casa de Deus", mas "quando entrares na casa de Deus". Pressupõe que as pessoas iam sistematicamente à casa de Deus. Mas, o que significa "guardar o pé quando entrar na casa de Deus"? Significa que essa aproximação precisa ser feita com compostura, reverência e temor. Precisamos nos preparar para participar do culto público. Muito embora a adoração hoje não esteja limitada a um espaço físico e geográfico, pois Deus é espírito e importa que os seus adoradores o adorem em espírito e em verdade (Jo 4:24), a adoração a Ele não pode ser feita sem reflexão e sem reverência.

Em segundo lugar, *ouça com atenção a Palavra de Deus* (5:1b). "... chegar-se para ouvir é melhor do que oferecer sacrifícios de tolos, pois não sabem que fazem mal". O ouvir engloba o escutar e o obedecer. O culto que agrada a Deus é expresso pela obediência à Palavra de Deus e não pela oferenda de sacrifícios. Os sacrifícios não substituem a obediência. Oferecer sacrifícios sem observância à Palavra de Deus é oferecer sacrifícios de tolos. Saul foi rejeitado por Deus porque tentou fazer sacrifícios sem obediência. O culto a Deus precisa ser oferecido a Ele dentro de suas prescrições e não segundo as inclinações do nosso coração.

Michael Eaton destaca que a palavra hebraica *zebah* referia-se a um sacrifício de animal que, em seguida, se transformava em refeição, contrastando com o sacrifício queimado *'olâ*, que era totalmente consumido pelo fogo. *Zebah* era o sacrifício que podia degenerar em festividade irracional.

Salomão está atacando, portanto, não o sistema sacrificial, mas o seu abuso (1Sm 15:22).[1] Precisamos ressaltar que a casa de Deus é um lugar para a leitura e a pregação de sua Palavra. Portanto, a maneira certa de nos aproximarmos dele, em adoração, é irmos com os ouvidos bem abertos e atentos. O culto precisa ser sincero e verdadeiro. Nadabe e Abiú ofereceram fogo estranho e Ananias e Safira mentiram a Deus sobre suas ofertas. Não apenas o culto deles foi rejeitado, mas eles também foram mortos.

Em terceiro lugar, *seja cauteloso na oração* (5:2,3). "Não te precipites com a tua boca, nem o teu coração se apresse a pronunciar palavra alguma diante de Deus; porque Deus está nos céus, e tu, na terra; portanto, sejam poucas as tuas palavras. Porque dos muitos trabalhos vêm os sonhos, e do muito falar, palavras néscias". Salomão destaca a atitude com que devemos orar ao Senhor. Se Ele não se agrada de sacrifício de tolos, ele também não se deleita na oração de muitas palavras sem um coração quebrantado. Deus escuta até nossos gemidos. Não é pelas muitas palavras que seremos ouvidos. O próprio Jesus ensinou: "E, orando, não useis de vãs repetições, como os gentios; porque presumem que pelo muito falar serão ouvidos" (Mt 6:7).

Deus não habita com o fariseu hipócrita que prorrompe em palavras de autoelogio, mas habita com o contrito de coração. É o publicano que não ousa levantar os olhos diante de Deus que desce para casa justificado, e não o fariseu que em sua oração profere uma enxurrada de palavras de exaltação a si mesmo.

Concordo com Warren Wiersbe quando diz que, ao orar, devemos ficar atentos a palavras precipitadas e a palavras em excesso.[2] Philip Ryken diz que há um vínculo íntimo entre tolice e verbosidade.³ São conhecidas as palavras de John Bunyan: "Na oração, é melhor ter sinceridade sem palavras do que palavras sem sinceridade". Salomão alerta para o fato de que Deus está nos céus e nós, na Terra. Philip Ryken diz, com razão, que este é um dos melhores versículos da Bíblia para colocar-nos em nosso devido lugar. Existe uma distância enorme entre o criador e a criatura, entre o infinito e o finito.⁴

Em quarto lugar, *cumpra as promessas que fez a Deus* (5:4,5). "Quando a Deus fizeres algum voto, não tardes em cumpri-lo; porque não se agrada de tolos. Cumpre o voto que fazes. Melhor é que não votes do que votes e não cumpras". Salomão não falou apenas acerca de ouvir a Palavra de Deus, mas, também, de praticá-la. Em tempos bíblicos as pessoas costumavam fazer muitos votos a Deus.

Um voto é um compromisso firmado com Deus, na presença dele. É empenhar a palavra, garantindo que o que se prometeu será cumprido. Michael Eaton destaca que voto no antigo Israel era uma promessa feita a Deus, que poderia ser parte de uma oração suplicando bênçãos (Nm 21:2), ou uma expressão espontânea de gratidão (Jn 2:9). Poderia tomar a forma de uma promessa de lealdade (Gn 28:20-22), oferta alçada, espontânea (Lv 22:18) ou dedicação de uma criança para tornar-se nazireu (1Sm 1:11).⁵

Prometer sem cumprir é pior do que não prometer. Votar e não cumprir é pior do que não votar. Tentar chantagear a Deus fazendo voto para não o cumprir é agir como um tolo. Salomão, portanto, adverte aqui sobre dois pecados: fazer votos sem a intenção de cumpri-los e fazer votos, mas demorar a cumpri-los. Resta claro afirmar que Deus não tem por inocente aquele que vota e quebra o compromisso firmado. O homem que agrada a Deus é "aquele que jura com dano próprio e não se retrata" (Sl 15:4).

Em quinto lugar, *não tropece na sua própria língua* (5:6,7). "Não consintas que a tua boca te faça culpado, nem digas diante do mensageiro de Deus que foi inadvertência; por que razão se iraria Deus por causa da tua palavra, a ponto de destruir as obras das tuas mãos? Porque, como na multidão dos sonhos há vaidade; assim também, nas muitas palavras; tu, porém, teme a Deus". Nas muitas palavras não faltam transgressão. Quem muito fala, muito peca. Não são poucos aqueles que tropeçam em sua própria língua e chicoteiam a sua própria alma com o chicote deste pequeno membro. A língua descontrolada é fogo incontido, veneno mortal, espada de morte. Quem não guarda a sua língua, não se guarda do mal.

O cabresto que pode controlar a língua é o temor divino. Charles Bridges definiu o temor de Deus como "o grande fundamento da santidade".[6] Philip Ryken corretamente afirma que temer a Deus é reconhecer seu poder e sua majestade. Significa reconhecer que Ele está no céu, e nós, na Terra; que Ele é Deus e nós não somos.[7]

A opressão econômica da sociedade (5:8,9)

Salomão deixa o templo e vai para os escritórios da administração pública, onde os políticos estão oprimindo os pobres (3:16,17; 4:1-3). Os servidores públicos e os oficiais do governo transgrediam a lei, usando sua autoridade para benefício próprio, e não para servir o povo. O que Salomão ressalta aqui é o aparelhamento do Estado, o mecanismo de corrupção e a opressão econômica instalada na sociedade. Destacamos dois fatos:

Em primeiro lugar, *a burocracia opressora* (5:8). "Se vires em alguma província opressão de pobres e o roubo em lugar do direito e da justiça, não te maravilhes de semelhante caso; porque o que está alto tem acima de si outro mais alto que o explore, e sobre estes há ainda outros mais elevados que também exploram". Salomão passa a falar sobre a injustiça que as pessoas sofrem em decorrência das estruturas pecaminosas da sociedade.[8] O mecanismo socioeconômico de Israel estava corrompido. A corrupção corria solta nos mais diversos escalões. No andar de baixo havia exploração, mas no andar de cima, os exploradores eram também explorados. Essa corrente do mal afetava todos os estratos sociais e arrastava a todos para um caudal de corrupção e para uma vala de sofrimento. A burocracia do Estado era opressora.

Warren Wiersbe escreve: "Em vez de o homem pobre receber uma audiência justa, o problema se perde no meio da burocracia, e várias autoridades ficam com o dinheiro que deveria ter sido para o pobre inocente".[9] Michael Eaton corrobora, dizendo que as frustrações da burocracia opressiva eram vistas em suas intermináveis demoras e desculpas, enquanto os pobres não tinham condições de esperar, e a justiça se perdia entre as teias hierárquicas.[10]

Em segundo lugar, *o alto custo dos tributos aos governantes* (5:9). "O proveito da terra é para todos; até o rei se serve do campo". Há alguns estudiosos que interpretam este versículo observando o povo que lavrava a terra, semeava os campos e fazia suas colheitas tendo que pagar pesados tributos ao rei.

Outra perspectiva do texto é notar que o rei, mesmo não semeando, se servia do campo. Embora o povo pague a conta do palácio, é melhor ter um governo caro do que entregar o Estado à anarquia.

Há aqueles que pensam que o poder corrompe, mas, na verdade, o poder apenas revela os corrompidos. John Locke estava equivocado quando disse que o homem é uma tábula rasa, uma folha em branco, produto do meio. Na verdade, é o meio que é produto do homem. O mal vem de dentro do coração. Porque o homem é um ser corrompido, o meio onde vive está afetado pela sua corrupção.

Acompanho o entendimento de Philip Ryken acerca deste texto, quando diz que a melhor defesa contra a corrupção do governo é um rei santo. A sociedade precisa de um governante com sabedoria como Salomão, alguém que preze pelos valores da liberdade econômica, que encoraje as pessoas a prosperarem, cultivando seus próprios campos.[11]

As impossibilidades do dinheiro (5:10-17)

Há verdades solenes, dignas de serem destacadas aqui:

Em primeiro lugar, *o dinheiro é incapaz de satisfazer* (5:10). "Quem ama o dinheiro jamais dele se farta; e quem ama a abundância nunca se farta da renda; também isto é vaidade". Salomão nos adverte aqui sobre a vaidade da prosperidade. O dinheiro é uma bênção como servo, mas uma maldição como patrão. Possuir dinheiro é uma bênção, mas ser possuído por ele é uma maldição. Usar o dinheiro é excelente, ser usado por ele é um problema. O problema não é ter dinheiro no banco, mas entronizá-lo no coração. O problema não é ganhar dinheiro, mas amá-lo. Quem ama o dinheiro nunca se satisfaz com ele. A riqueza não pode trazer felicidade. Os que amam o dinheiro caem em armadilhas mortais (1Tm 6:9,10).

Warren Wiersbe tem razão em dizer que por mais alto que seja o saldo de sua conta bancária, a pessoa que ama o dinheiro não encontra satisfação, pois o coração humano foi criado para ser satisfeito apenas por Deus (3:11).[12] John McAlister corrobora, dizendo: "Viver em busca das riquezas é um investimento insaciável e infeliz; por isso, o melhor investimento consiste em encontrar em Deus sua maior riqueza, satisfação e felicidade".[13] O mesmo autor comenta: "Somos herdeiros das revoluções industrial, tecnológica e digital, responsáveis pelo período de maior riqueza e prosperidade na história. Nunca produzimos tanto; porém, ao mesmo tempo, nunca vivemos tão insatisfeitos com o que ganhamos, consumimos e possuímos".[14] Charles Bridges diz que, quando nossos desejos ultrapassam as nossas necessidades, é melhor sentar-nos satisfeitos onde estamos, do que onde esperamos estar na ilusão do nosso desejo insaciável.[15]

Em segundo lugar, *o dinheiro não resolve todos os problemas* (5:11). "Onde os bens se multiplicam, também se multiplicam os que deles comem; que mais proveitoso, pois, têm os seus donos do que os verem com seus olhos?". A riqueza atrai uma multidão de consumidores e aproveitadores. Quem ganha mais gasta mais. Novas necessidades e novas despesas vão sendo criadas para drenar a riqueza. Philip Ryken diz que ninguém sabia disso melhor do que o rei Salomão. Ele era o homem mais rico do mundo, mas em vista dos milhares que precisava alimentar (1Rs 4:22-28), ele tinha mesmo de ser.[16]

Em terceiro lugar, *o dinheiro produz insônia* (5:12). "Doce é o sono do trabalhador, quer coma pouco, quer muito; mas a fartura do rico não o deixa dormir". É fato que as pessoas mais felizes são aquelas que chegam em casa cheirando a graxa, comem um bom prato de arroz com feijão e dormem uma noite toda bem dormida. Os ricos dormem em camas de marfim, sobre lençóis de fios egípcios, com travesseiros de penas de ganso, mas a insônia lhes visita a noite toda. A riqueza não produz paz de espírito. O trabalhador comum dorme melhor que o rico. Aos 53 anos de idade, John Rockefeller era o único bilionário do mundo e ganhava cerca de um milhão de dólares por semana. Não entanto, era um homem doente, que vivia à base de leite e biscoitos de água-e-sal, e não conseguia dormir por causa de todas as preocupações que o afligiam. Quando começou a distribuir seu dinheiro, sua saúde mudou radicalmente, e ele viveu até os 98 anos de idade.[17]

Em quarto lugar, *o dinheiro é volátil e não traz segurança* (5:13,14). "Grande mal vi debaixo do sol: as riquezas que seus donos guardam para o próprio dano. E, se tais riquezas se perdem por qualquer má aventura, ao filho que gerou nada lhe fica na mão". O dinheiro é volátil. Ele tem asas e não raro as bate para fora ninho. Os ricos da época de Salomão estavam sujeitos a prejuízos severos, como o naufrágio de navios mercantes; o ataque a caravanas de camelos no deserto; a peste que assolava os campos; a seca que fazia mirrar a semente no ventre da terra; a horda de terroristas que atacava as terras, matava os trabalhadores e sequestrava os frutos da lavoura. Não devemos confiar na instabilidade da riqueza. Devemos juntar tesouros no céu onde a traça, a ferrugem e os ladrões não podem tirá-los de nós.

Em quinto lugar, *o dinheiro não pode ser levado para a outra vida* (5:15,16). "Como saiu do ventre de sua mãe, assim nu voltará, indo-se como veio; e do seu trabalho nada poderá levar consigo. Também isto é grave mal: precisamente como veio, assim ele vai; e que proveito lhe vem de haver trabalhado para o vento?" O máximo que o dinheiro pode dar ao homem é um rico funeral. Como já dissemos anteriormente, não há caminhão de mudança em enterro nem gaveta em caixão. O homem não trouxe nada para este mundo nem levará nada. Entrou no mundo nu e sairá nu. Nas palavras de Jó: "Nu sai do ventre da minha mãe e nu voltarei" (Jó 1:21). O apóstolo Paulo acrescenta: "Nada temos trazido para o mundo, nem coisa alguma podemos levar dele" (1Tm 6:7).

Em sexto lugar, *o dinheiro leva seu súdito para um lugar de enfado* (5:17). "Nas trevas, comeu em todos os seus dias, com muito enfado, com enfermidades e indignação". Aquele que ama o dinheiro e faz dele o seu deus vive como um escravo, cercado de enfado, enfermidades e indignação. Philip Ryken diz que este versículo nos apresenta uma imagem patética do lugar para onde a cobiça nos leva.[18] Derek Kidner corrobora: "Se houver algo pior do que o vício que o dinheiro traz, é o vazio que ele deixa".[19]

As bênçãos concedidas pelo dinheiro (5:18-20)

Três verdades preciosas são aqui destacadas:

Em primeiro lugar, *o fruto do trabalho pode ser desfrutado* (5:18). "Eis o que eu vi: boa e bela coisa é comer, beber e gozar cada um do bem de todo o seu trabalho, com que se afadigou debaixo do sol, durante os poucos dias da vida que Deus lhe deu; porque esta é a sua porção". Trabalhar, ganhar dinheiro e desfrutá-lo é uma bênção. Não é pecado usufruir os frutos do trabalho. Pecado é amar o dinheiro, acumulá-lo com usura e viver miseravelmente mesmo tendo recursos para desfrutá-lo com prazer.

Em segundo lugar, *o desfrute do trabalho é dom de Deus* (5:19). "Quanto ao homem a quem Deus conferiu riquezas e bens e lhe deu poder para deles comer, e receber a sua porção, e gozar do seu trabalho, isto é dom de Deus". Desfrutar do fruto do seu trabalho não é apenas um privilégio, mas, sobretudo, um dom de Deus. Não é pecado usufruir o fruto do trabalho. Trabalhar sem desfrutar do fruto do trabalho é insensatez. É óbvio que o texto não recomenda o esbanjamento nem o luxo exorbitante. A passagem não referenda tampouco a usura. Porém, trabalhar e amealhar riquezas e ao mesmo tempo viver na miséria é consumada tolice.

Em terceiro lugar, *Deus é a fonte da alegria* (5:20). "Porque não se lembrará muito dos dias da sua vida, porquanto Deus lhe enche o coração de alegria". O dinheiro é bom, mas não pode oferecer segurança nem felicidade. A fonte da verdadeira felicidade não está na dádiva, mas no doador. Deus é a fonte da verdadeira e eterna alegria (Sl 16:11). Concordo com Philip Ryken, quando escreve: "A pessoa que desfruta o maior prazer na vida é aquela que conhece a Deus e que tem um relacionamento com ele por meio de Jesus Cristo".[20]

NOTAS

[1] EATON, Michael A. *Eclesiastes: introdução e comentário*, 2017, p. 104.
[2] WIERSBE, Warren W. *Comentário bíblico expositivo*. Vol. 3, 2006, p. 476.
[3] RYKEN, Philip Graham. *Eclesiastes*, 2017, p. 137.
[4] _____. *Eclesiastes*, 2017, p. 136.
[5] EATON, Michael A. *Eclesiastes: introdução e comentário*, 2007, p. 106.

[6] BRIDGES, Charles. *A Commentary on Ecclesiastes*. Edimburgo: Banner of Truth, 1961, p. 109.
[7] RYKEN, Philip Graham. *Eclesiastes*, 2017, p. 141.
[8] RYKEN, Philip Graham. *Eclesiastes*, 2017, p. 144.
[9] WIERSBE, Warren W. *Comentário bíblico expositivo*. Vol. 3, 2006, p. 477.
[10] EATON, Michael A. *Eclesiastes: introdução e comentário*, 2017, p. 107.
[11] RYKEN, Philip Graham. *Eclesiastes*, 2017, p. 145.
[12] WIERSBE, Warren W. *Comentário bíblico expositivo*. Vol. 3, 2006, p. 478.
[13] MACALISTER, John. *O verdadeiro valor da vida*, 2021, p. 136.
[14] _____. *O verdadeiro valor da vida*, 2021, p. 140,141.
[15] BRIDGES, Charles. *A Commentary on Ecclesiastes*, 1961, p. 115.
[16] RYKEN, Philip Graham. *Eclesiastes*, 2017, p. 148.
[17] WIERSBE, Warren W. *Comentário bíblico expositivo*. Vol. 3, 2006, p. 478,479.
[18] RYKEN, Philip Graham. *Eclesiastes*, 2017, p. 151.
[19] KIDNER, Derek. *The Message of Ecclesiastes*. Downers Grove, IL: InterverVarsaty. , 1976, p. 56.
[20] RYKEN, Philip Graham. *Eclesiastes*, 2017, p. 153.

Capítulo 10

As decepções da vida

(Ec 6:1-12)

ECLESIASTES 6 É UM dos capítulos mais sombrios da Bíblia. São intimações gélidas da razão e relatos de um coração em dor.[1] Harper tem razão em dizer que os versículos 1 e 2 dão sequência às reflexões do Pregador sobre as desilusões da riqueza. Tanto os versículos 1 e 2 como o 3 e o 6 são ilustrações da premissa estabelecida em 5:18,19, de que ter prazer é um presente de Deus. Em 2:18-23, o problema é o homem rico cuja fortuna seria desperdiçada por herdeiros imprudentes; em 5:13-17, é o homem rico que a perdeu. Aqui, o mal é o homem que possui riquezas, mas não encontra satisfação nelas.[2]

Emílio Garofalo diz, com razão, que a satisfação não está em nada terreno. Rico ou pobre; sábio ou tolo; viva pouco ou viva muito; tenha cem filhos ou nenhum: a satisfação da alma não pode ser provida por nada disso. Nada daquilo que tenhamos tem o poder de encher o coração. Nem o prazer sexual, nem o prazer físico. Nem a comida, nem a bebida. Nem viagens, nem vinhos, nem música. Nem mesmo a combinação de todas essas coisas.[3]

A vida é complexa e traz em sua bagagem muitas decepções. A vida tem dilemas tão dolorosos que o homem chega a preferir a morte à vida, ou nunca ter vindo ao mundo do que vir para não encontrar na vida propósito e satisfação. Para Salomão, de nada adianta ter riqueza, prazeres, longevidade e numerosa prole se, no fim, o homem não desfrutou do real significado da vida e morreu sem ter sequer o ósculo do amor da família e uma sepultura para abrigar seu corpo inerte. A vida é bombardeada de perguntas difíceis de responder ou até mesmo irrespondíveis.

Destacamos algumas lições do texto em tela.

A decepção da riqueza sem satisfação (6:1-6)

Salomão definiu a jornada da vida debaixo do sol como a maior de todas as vaidades, ou "vaidade de vaidades" (1:2). É como correr atrás do vento, regar um poste, arar uma rocha, carregar água na peneira.[4] Destacamos três fatos aqui:

Em primeiro lugar, *a decepção testemunhada* (6:1). "Há um mal que vi debaixo do sol e que pesa sobre os homens". O que Salomão vai relatar não é uma mera hipótese, mas um fato que ele presenciou. Ele foi testemunha ocular dos fatos. Considera o que vai relatar como um mal que pesa sobre os homens, que vivem apenas na perspectiva horizontalizada da vida, ou seja, debaixo do sol, correndo atrás do vento. Walter Kaiser Jr., pergunta: "Qual é o mal que pesa sobre os homens?" Ele responde: "É que Deus pode conceder riquezas, bens, honra e praticamente qualquer coisa desejada pelo coração, no entanto, ele faz isso sem também conceder a essa pessoa a capacidade de desfrutar isso em um caso (6:2), enquanto também concede essa capacidade de desfrutar todas essas coisas em outro caso. Sendo a prosperidade um dom, é em si mesma insatisfatória até que Deus dê também o dom divino da capacidade de desfrutá-la."[5]

Em segundo lugar, *a decepção de ter riqueza, honra e prazer, mas não desfrutar de nada disso* (6:2). "O homem a quem conferiu riquezas, bens e honra, e nada lhe faltava de tudo quanto sua alma deseja, mas Deus não lhe concede que disso coma; antes, o estranho o come; também, isto é vaidade e grave aflição". Este homem recebeu de Deus riquezas e bens materiais, prestígio e honra. Podia dar a si mesmo tudo que o dinheiro era capaz de comprar. Mesmo assim, ele não desfrutou nada de toda essa fortuna. Ao contrário, deixou tudo para trás e tudo que ajuntou foi comido pelo estranho que ele não conhecia. Foi Deus quem deu a riqueza e foi Deus quem o privou de desfrutá-la. A vida desse homem consistia em acumular riquezas. O dinheiro era o seu deus. Mas foi um escravo da ganância, um capacho da riqueza, um rico pobre, um miserável numa gaiola de ouro. Definitivamente, a vida de um homem não consiste na abundância de bens que ele possui.

Em terceiro lugar, *a decepção de longevidade e inúmera prole sem satisfação* (6:3-6). Salomão escreve:

Se alguém gerar cem filhos e viver muitos anos, até avançada idade, e se a sua alma não se fartar do bem, e, além disso, não tiver sepultura, digo que um aborto é mais feliz do que ele; pois debalde vem o aborto e em trevas se vai, e de trevas se cobre o seu nome; não viu o sol, nada conhece. Todavia, tem mais descanso do que o outro, ainda que aquele vivesse duas vezes mil anos, mas não gozasse o bem. Porventura, não vão todos para o mesmo lugar? (6:3-6).

O que poderia ser pior do que a dor e a escuridão de uma criança que já nasce morta, por mais terrível que isso seja? Segundo Eclesiastes, pior é a tragédia e as trevas daquele que vive para ter tudo — bens e posses, honra e herdeiros, com vida longa —, mas desconhece o prazer e a satisfação que só Deus pode conceder.[6] Michael Eaton é incisivo quando escreve: "É melhor ser um aborto, e não nascer, do que ser um aborto ao longo da vida".[7]

Em Israel, longevidade e ter muitos filhos eram evidências da bênção de Deus. Roboão, filho de Salomão, teve dezoito mulheres e sessenta concubinas. Ele teve oitenta e oito filhos (2Cr 11:21). Mesmo assim, não foi um homem bem-sucedido. Sua insensatez provocou a divisão do seu reino.

O texto em tela mostra um homem hipotético que viveu dois mil anos e gerou cem filhos. Mesmo assim, não celebrou a vida, ainda que tendo vivido mais que o dobro que Matusalém, o homem mais longevo da história, viveu, e mesmo tendo gerado cem filhos. O problema da crônica insatisfação desse homem hipotético não está na ausência de bens, nem na privação de prazeres terrenos; não está na escassez de anos nem na imensa prole que gerou. A insatisfação desse homem está em sua alma. Mesmo possuindo tudo, nada tinha. Mesmo vivendo longos anos, cercado de

As decepções da vida

bens materiais e de muitos filhos, sua alma continuava vazia e insatisfeita. Harper registra: "A não ser que haja riqueza na alma, os homens vão para o túmulo de mãos vazias."[8] Nas palavras de Warren Wiersbe:

> Ninguém é capaz de gozar as dádivas de Deus sem o Deus que concede as dádivas. Desfrutar as dádivas sem Deus, sem o Doador, é idolatria, algo que nunca satisfaz o coração humano. O prazer sem Deus é apenas entretenimento e não traz satisfação alguma. Porém, o prazer com Deus é enriquecimento e traz verdadeira alegria e satisfação.[9]

Salomão chegou à conclusão que é melhor ser um aborto do que ter uma vida longa sem propósito e sem contentamento. Michael Eaton diz que a criança nascida morta não tem experiência da vida (não viu o sol) nem conhecimento deste mundo. Mas o rico descontente é pior. A criança tem, pelo menos, descanso; não precisa suportar os conflitos e tensões da vida "debaixo do sol".[10]

É melhor morrer no ventre do que viver dois mil anos, prolongar a miséria, fechar as cortinas da vida sem o amor da família e sem um sepultamento digno. O homem de dois mil anos e o natimorto acabaram no mesmo lugar — a sepultura. O destino é comum para todos, não importa quanto tempo se gasta para chegar lá. A morte é o grande igualador da vida, é o sinal de igualdade em sua equação. Salomão enfatiza que é melhor a escuridão do natimorto do que passar pela vida sem a luz de Deus. É melhor o descanso daquele que sequer chegou a nascer do que viver para substituir Deus, que é a fonte da felicidade, pelas dádivas que Ele concede, pois essas dádivas, sem Ele, não podem conferir felicidade.

Warren Wiersbe tem razão em dizer que a capacidade de desfrutar a vida vem de dentro do ser. É uma questão de caráter, não de circunstâncias. O apóstolo Paulo diz: "Porque aprendi a viver contente em toda e qualquer situação" (Fp 4:11).[11]

A decepção do trabalho sem contentamento (6:7-9)

Salomão havia falado do homem rico; agora, trata da situação do homem pobre. Tanto o rico como o pobre trabalham para sobreviver. Mas, ao final, ambos estão desprovidos de contentamento. John McAlister diz que todos nós somos movidos por desejos e necessidades que nos levam a trabalhar, produzir e gerar riqueza, justamente para saciar esses apetites, que, por sua vez, nos levam a trabalhar mais e mais.[12]

Para que o homem trabalha? Apenas para comer? Esse é o fim último do afadigar-se na faina da vida? Aqueles que trabalham apenas pela comida que perece decepcionam-se. Jesus mostrou um nível mais elevado de vida. Para ele, fazer a vontade do Pai era a sua comida (Jo 4:34). O apóstolo Paulo diz que devemos comer e beber para a glória de Deus (1Co 10:31).

Destacamos aqui algumas lições:

Em primeiro lugar, *o apetite insaciável* (6:7). "Todo trabalho do homem é para a sua boca; e, contudo, nunca se satisfaz o seu apetite". O homem é um ser insaciável. Quanto mais coisas ele joga para dentro de seu coração, mais vazio e insatisfeito ele fica. Philip Ryken explica:

> No versículo 7, o Pregador nos diz o que acontece quando alimentamos esse apetite: ficamos com fome de novo; os mesmos desejos voltam dia após dia. Nós nos alimentamos para

ter forças para o trabalho, para ganhar o nosso pão de cada dia, que então comemos para ter forças para voltar ao trabalho no dia seguinte, e assim continua, dia após dia.[13]

Em segundo lugar, *a sabedoria insatisfeita* (6:8). "Pois que vantagem tem o sábio sobre o tolo? Ou pobre que sabe andar perante os vivos?". Não importa quão sábio ou quão rico um homem seja, sempre terá desejos insatisfeitos, vontades não realizadas, anseios não cumpridos. Obviamente é melhor ser sábio do que ser tolo, mas mesmo as pessoas mais sábias têm desejos que a vida não satisfaz plenamente. De igual modo, o pobre tem também desejos não satisfeitos. Ele pode até não ser atingido por todas as frustrações e decepções do rico, mas, em última instância, ele se decepcionará como o rico. Desta forma, como diz Philip Ryken, "nem sabedoria nem pobreza garantem uma vantagem".[14] Walter Kaiser Jr. corrobora: "Nenhum mortal, seja ele sábio, pobre ou rico, pode satisfazer seus desejos por conta própria".[15]

Em terceiro lugar, *o desejo vagabundo* (6:9). "Melhor é a vista dos olhos do que o andar ocioso da cobiça; também isto é vaidade e correr atrás do vento". Contentar-se com aquilo que possuímos é melhor do que se esforçar por aquilo que não temos, pois todo o desejo do mundo por coisas que desejamos é inútil, se Deus não as der como um dom.[16]

Onde mora a plena satisfação? Em qual endereço podemos encontrá-la. Buscamo-la na comida, na bebida, na música, na família, nos amigos, no trabalho, nos prazeres. Porém, o desejo é um vagabundo. Nas palavras de Philip Ryken, "jamais satisfeito em ficar em casa, ele sempre sai para vagar pelo mundo".[17] A cobiça tem um andar ocioso.

A satisfação dos nossos desejos está sempre a caminho, a vagar como um vagabundo, sem nunca chegar. O homem tem dentro de si uma insatisfação crônica e perpétua. Debaixo do sol, correndo atrás do vento, ele pode jogar todos os baldes de prazer para dentro do seu coração, e nunca encontrará a verdadeira satisfação.

Warren Wiersbe diz que o versículo 9 é a versão de Salomão para o conhecido ditado: "Melhor um pássaro na mão do que dois voando". Salomão está dizendo que é melhor ter poucas coisas e desfrutá-las do que sonhar com muitas coisas sem nunca as obter. Os sonhos podem se tornar pesadelos se não lidarmos com a realidade.[18] Certamente o melhor é contentarmo-nos com o que temos perante os nossos olhos do que vivermos sonhando com o que não temos.

John McAlister diz que somos herdeiros das revoluções industrial, tecnológica e digital, responsáveis pelo período de maior riqueza e prosperidade da história. Nunca produzimos tanto. Nunca geramos tanta riqueza. Porém, ao mesmo tempo, nunca vivemos tão insatisfeitos com o que ganhamos, consumimos e possuímos. Nossos apetites são atiçados todos os dias para além do nosso nível de satisfação pessoal.[19] Somos insaciáveis. Somos um buraco sem fundo. A insatisfação crônica grita dentro de nós por aquilo que o dinheiro não pode comprar.

A decepção das perguntas sem respostas (6:10-12)

Até aqui Salomão tratou de dois tipos de pessoas: aquelas que têm riqueza sem prazer e aquelas que trabalham sem satisfação. Agora, vai lidar com as perguntas sem respostas. Michael Eaton diz que o Pregador está aqui enfatizando a impossibilidade de se mudar o caráter básico da vida. O homem não pode escapar de suas limitações, nem deslindar as anomalias do mundo. Pode, à semelhança de Jó, desejar discutir o assunto com Deus, entretanto, Deus é muitíssimo maior.[20]

Warren Wiersbe esclarece:

> Salomão não está condenando questionamentos sinceros, pois Eclesiastes é o registro da própria investigação do sentido da vida. Na verdade, Salomão está dizendo: Há certas perguntas sobre a vida que ninguém é capaz de responder. Porém, nossa ignorância não deve ser usada como desculpa para o ceticismo e a incredulidade. Antes, nossa ignorância deve nos incentivar a ter fé em Deus. Afinal, não vivemos de explicações, mas sim de promessas.[21]

Destacamos dois pontos importantes:

Em primeiro lugar, *o homem não pode mudar o curso da História nem contender com Deus* (6:10,11). "A tudo quanto há de vir já se lhe deu o nome, e sabe-se o que é o homem, e que não pode contender com quem é mais forte do que ele. É certo que há muitas coisas que só aumentam a vaidade, mas que aproveita isto ao homem?" Salomão recorre aos assuntos já tratados no livro, dizendo que não tem nada novo debaixo do sol. Os nomes já foram atribuídos. Tudo já foi rotulado e categorizado. A condição humana continua a mesma.

O homem não logra êxito entrando num embate com Deus, para discutir com Ele. Jó tentou fazer isso, apenas para reconhecer que havia falado coisas que não entendia, e por isso se arrependia no pó e na cinza (Jó 42:3,6). Philip Ryken é categórico ao afirmar: "Precisamos conhecer os nossos limites, e um dos nossos limites é que não possuímos sabedoria para ganhar de Deus numa discussão. Nossas palavras nunca conseguirão mudar o seu sábio plano para governar o universo".²² Corrobora com esse pensamento Derek Kidner: "Não importa quão sábias sejam as palavras que multiplicamos sobre o homem ou contra o seu criador, os versículos 10 e 11 nos lembram que não podemos alterar a forma como nós e o mundo foram feitos".²³ O apóstolo Paulo arremata: "Quem és tu, ó homem, para discutires com Deus? Porventura, pode o objeto perguntar a quem o fez? Por que fizeste assim?" (Rm 9:20).

Em segundo lugar, *o homem não tem respostas para os dilemas da vida e da morte* (6:12). "Pois quem sabe o que é bom para o homem durante os poucos dias da sua vida de vaidade, os quais gasta como sombra? Quem pode declarar ao homem o que será depois dele debaixo do sol?" Salomão conclui este capítulo com algumas perguntas retóricas. Essas perguntam tangem o sempre atual assunto da vida e da morte. O Pregador tem plena consciência da brevidade da vida e da inevitabilidade da morte. Salomão está cônscio de que a vida debaixo do sol é vaidade; não passa de um sopro, de uma neblina que se dissipa.

A despeito de compreender que a vida é curta e passageira como uma nuvem que se dissipa, deseja saber como viver uma vida boa aqui e o que acontecerá depois da morte. À semelhança de Salomão, no plano horizontal, temos, também, muitas perguntas irrespondíveis ou mais perguntas do que respostas. Algumas perguntas feitas ao longo deste livro terão respostas nesta mesma obra. Outras perguntas só serão respondidas à luz do evangelho da graça.

Salomão pergunta: "[...] quem sabe o que é bom para o homem durante os poucos dias da sua vida de vaidade, os quais gasta como sombra?" Deus sabe! "Quem pode declarar ao homem o que será depois dele debaixo do sol?" Deus pode! O mundo não está à deriva. Deus tem um plano eterno, perfeito e gracioso para nós. A vida não é sem propósito. Sabemos que para nós o viver é Cristo e o morrer é lucro (Fp 1:21). Sabemos que não precisamos pensar que seria melhor estarmos mortos do que enfrentarmos as decepções da vida. Sabemos que Jesus veio para que tenhamos vida em abundância e que Ele satisfaz todos os nossos desejos (Jo 10:10). Sabemos que o céu é a casa do Pai (Jo 14:1-3). Sabemos que o Senhor enxugará dos nossos olhos toda lágrima (Ap 21:4).

NOTAS

[1] RYKEN, Philip Graham. *Eclesiastes*, 2017, p. 156.
[2] HARPER, A. F. *O livro de Eclesiastes*. In *Comentário bíblico Beacon*. Vol. 3, 2015, p. 446.
[3] NETO, Emilio Garofalo. *Eclesiastes e a vida debaixo do sol*, 2020, p. 277.
[4] WIERSBE, Warren W. *Comentário bíblico expositivo*. Vol. 3, 2006, p. 481.
[5] KAISER JR., Walter C. *Eclesiastes*, 2015, p. 108.
[6] MCALISTER, John. *O verdadeiro sentido da vida*, 2021, p. 144.
[7] EATON, Michael A. *Eclesiastes: introdução e comentário*, 2017, p. 112.
[8] HARPER, A. F. *O livro de Eclesiastes*. In *Comentário bíblico Beacon*. Vol. 3, 2015, p. 448.
[9] WIERSBE, Warren W. *Comentário bíblico expositivo*. Vol. 3, 2006, p. 481.
[10] EATON, Michael A. *Eclesiastes: introdução e comentário*, 2017, p. 113.
[11] WIERSBE, Warren W. *Comentário bíblico expositivo*. Vol. 3, 2006, p. 482.
[12] MACALISTER, John. *O verdadeiro valor da vida*, 2021, p. 140.

[13] RYKEN, Philip Graham. *Eclesiastes*, 2017, p. 160.
[14] Idem.
[15] KAISER JR, Walter C. *Eclesiastes*, 2015, p. 110.
[16] Idem.
[17] RYKEN, Philip Graham. *Eclesiastes*, 2017, p. 160.
[18] WIERSBE, Warren W. *Comentário bíblico expositivo*. Vol. 3, 2006, p. 483.
[19] MCALISTER, John. *O verdadeiro sentido da vida*, 2021, p. 140,141.
[20] EATON, Michael A. *Eclesiastes: introdução e comentário*, 2017, p. 114.
[21] WIERSBE, Warren W. *Comentário bíblico expositivo*. Vol. 3, 2006, p. 484.
[22] RYKEN, Philip Graham. *Eclesiastes*, 2017, p. 162.
[23] KIDNER, Derek. *The Message of Ecclesiastes*, 1976, p. 62.

Capítulo 11

Conselhos para uma vida melhor

(Ec 7:1-29)

No FINAL DO CAPÍTULO 6, Salomão se perguntou como podemos viver bem durante os poucos dias na Terra. Ele responde a essa pergunta no capítulo 7, fazendo uma série de comparações do tipo "melhor do que". Assim, o Pregador está nos ensinando como usar o discernimento ao escolher o modo como vivemos.[1]

Aprenda a fazer as escolhas certas (7:1-4)

Destacamos aqui quatro conselhos de Salomão.

Em primeiro lugar, *o seu nome é seu maior patrimônio* (7:1a). "Melhor é a boa fama do que o unguento precioso..." Em Israel, um nome não era mera etiqueta, mas algo que procurava expressar a natureza intrínseca.[2] O versículo 1 começa com um jogo de palavras no hebraico: *Shem* (nome) é melhor do que *shemen* (unguento). Se você quer ter uma vida útil, viva de tal forma que construa uma boa reputação. Muitas vezes, no Oriente, os homens usavam perfume para se tornarem socialmente mais aceitos. Mas para a aceitabilidade, o bom nome é melhor do que unguento.[3] Um bom nome é melhor do que um perfume caro. Philip Ryken corrobora, dizendo: "óleos perfumados e outras fragrâncias eram bens valiosos. Mas ter um nome cuja integridade as pessoas admiram é ainda mais valioso. O perfume do bom caráter é a melhor fragrância".[4]

Walter Kaiser Jr. lança luz sobre o assunto, quando escreve: "Isso pode bem se referir à prática dos tempos bíblicos de ungir um corpo morto com especiarias e perfumes para tornar o cadáver mais apresentável, entretanto, a réplica de Salomão é no sentido de que é mais preferível ter uma boa reputação (nome) do que um corpo perfumado no leito de morte".[5]

Em segundo lugar, *o dia da morte não é uma tragédia* (7:1b). "... e o dia da morte, melhor do que o dia do nascimento". Nossa geração evita pensar sobre a morte. Trata-se de uma fuga da realidade. Mas a morte é uma realidade inevitável. Aqueles que mais amaram a vida e mais sabiamente a viveram, foram aqueles que mais refletiram sobre a morte. Não basta viver bem, é preciso morrer bem. Walter Kaiser Jr. diz que o dia da morte de um homem tem uma influência duradoura, pois depois disso sua vida pode ser apresentada como exemplo, se assim o seu nome o mereceu.[6] Philip Ryken, citando Thomas Boston, escreve: "No dia de seu nascimento, você nasce para morrer; no dia de sua morte, você morre para viver".[7]

A morte do cristão não é uma tragédia, mas uma bem-aventurança. É descansar das fadigas (Ap 14:13). Paulo diz que morrer é lucro (Fp 1:21). É partir para estar com Cristo, o que é incomparavelmente melhor (Fp 1:23). É deixar o corpo e habitar com o Senhor (2Co 5:8).

Em terceiro lugar, *a casa do luto é lugar de aprendizado* (7:2). "Melhor é ir à casa onde há luto do que ir à casa onde há banquete, pois naquela se vê o fim de todos os homens; e os vivos que o tomem em consideração". Na casa do luto há reflexão enquanto na casa do banquete há diversão. A morte tem muito a nos ensinar sobre a vida. Um bom funeral nos ajuda a nos preparar para a morte. Nas palavras de Walter Kaiser Jr., "temos mais pensamentos sóbrios num funeral do que em celebrações festivas".[8] É mais proveitoso irmos a um funeral do que irmos a uma festa. Michael Eaton diz que a morte nos leva a pensar na vida, uma vez que cada funeral alheio vislumbra nosso próprio funeral.[9] Por conseguinte, é melhor visitar o desolado do que se refestelar num banquete. Aprendemos mais na dor do que na celebração. Há mais sabedoria em um funeral do que em uma festa.

Isso, entretanto, não significa que devemos ter uma vida taciturna. Podemos e devemos celebrar as coisas boas da vida, como nascimento, casamento, formatura, promoções e outros marcos da vida. O próprio autor de Eclesiastes diz que se alegrar neste mundo é um presente de Deus (2:26; 3:12,13; 5:18-20). Jesus inicia os seus milagres numa festa de casamento e jamais se privou de ir às festas no templo de Jerusalém. Concordo com John McAlister, quando escreve: "Não devemos confundir uma vida sábia com uma vida sombria, lúgubre e tristonha, que se priva de toda e qualquer alegria desta vida, mesmo que passageira".[10]

Em quarto lugar, *a tristeza é excelente pedagoga* (7:3,4). "Melhor é a mágoa do que o riso, porque com a tristeza do rosto se faz melhor o coração. O coração dos sábios está na casa do luto, mas o dos insensatos, na casa da alegria". Nossa geração investe rios de dinheiro na diversão frívola, no riso fácil e nos passatempos da vida. Faz de tudo para não pensar na morte nem se preparar para a eternidade. Porém, a vida é dura e curta demais para se gastar em frivolidades e superficialidades. A tristeza nos faz pensar mais profundamente. O choro nos quebranta e as lágrimas limpam nossa alma da fuligem da dor. Walter Kaiser Jr. diz que um rosto triste pode abrir o coração mais do que o som oco de uma jovialidade robusta [...]. A tagarelice, a hilaridade e a risada dos insensatos são basicamente inúteis, vazias e aborrecidas em si mesmas.[11] Concordo com Michael Eaton quando diz que a pessoa que viu a morte face a face pode ter melhorada sua vida interior — embora não haja qualquer efeito automático no sofrimento.[12] O mesmo autor escreve:

> Estar o coração de alguém na casa do luto significa que a morte é o objeto das reflexões do sábio; permite-lhe refletir com máxima seriedade e interesse. Por outro lado, o insensato é cego quanto às coisas espirituais (2:14), embora esteja contente em sua cegueira (Pv 1:22); é falador, mas vazio de cabeça (Pv 18:2), uma ameaça à sociedade (Pv 14:7). Não é de surpreender-se que sua preocupação está na casa da alegria, presumivelmente um lugar onde os homens estão entregues totalmente à festividade barulhenta.[13]

Fuja das armadilhas do caminho (7:5-10)

Seis advertências são dadas aqui:

Em primeiro lugar, *aprenda a ouvir* (7:5,6). "Melhor é ouvir a repreensão do sábio do que ouvir a canção do insensato. Pois, qual o crepitar dos espinhos debaixo duma panela, tal é a risada do insensato; também isto é vaidade". A repreensão do sábio abre feridas em nossa alma, mas essas repreensões são como o bisturi de um habilidoso cirurgião que remove o tumor infecto. A canção do tolo, porém, mesmo cheia de lisonjas, pode abrir em nós um largo sorriso e arrancar-nos ruidosas gargalhadas, mas em nada nos ajuda na jornada da vida. É como espinhos debaixo duma panela. O fogo é intenso, barulhento e rápido, mas não é suficiente para cozer o alimento. Nas palavras de Michael Eaton, "a risada do insensato é como uma chama repentina, uma bela chuva de fagulhas, acompanhada de muito ruído, mas que logo cessa e se acaba".[14] A repreensão do sábio pode ser exemplificada em 2Samuel 12:1-12 e a canção dos insensatos, em Amós 6:5-7.

Em segundo lugar, *mantenha-se íntegro na adversidade* (7:7). "Verdadeiramente, a opressão faz endoidecer até o sábio, e o suborno corrompe o coração". Um homem pode tomar decisões erradas e falar coisas erradas por pressões emocionais (Sl 106:32,33). Michael Eaton diz que a vida espiritual da pessoa pode arruinar-se pelas tentações próprias de um regime opressivo.[15] Na adversidade não negocie os princípios e valores absolutos. Na escassez não corrompa a sua alma, tergiversando com a ética. Diante da opressão, sofra o dano, se preciso for, mas jamais venda sua alma ao diabo.

Em terceiro lugar, *complete sua carreira* (7:8a). "Melhor é o fim das coisas do que o seu princípio...". Tome as suas decisões fundamentado em princípios e propósitos. Não basta começar bem, é preciso terminar bem. O que conta não é como você começa sua carreira, mas como você a terminará. Philip Ryken ilustra essa lição assim:

A história de Israel nos fornece um exemplo notável. Quando o povo de Deus voltou para Jerusalém após seu longo exílio na Babilônia, construiu um novo templo. Quando a construção começou, algumas pessoas duvidaram abertamente se ele seria muito impressionante. Entretanto, o profeta Zacarias profetizou que "quem não despreza o dia dos humildes começos, esse alegrar-se-á..." (Zc 4:10). Mesmo que o templo novo começasse pequeno, o seu fim seria melhor do que o início pela graça de Deus. A glória do segundo templo foi maior do que a do primeiro templo.[16]

Em quarto lugar, *não seja impaciente* (7:8b). "... melhor é o paciente do que o arrogante". Concordo com Harper, quando diz que a paciência persistente resolve muitos problemas que não se solucionariam por pressão imediata.[17] O arrogante é insolente, vulcânico e atabalhoado, mas o paciente é humilde, calmo e sábio. O arrogante tem um fim inglório; o paciente, um final feliz.

Em quinto lugar, *seja tardio para se irar* (7:9). "Não te apresses em irar-te, porque a ira se abriga no íntimo dos insensatos". A ira sempre é inimiga do pensamento claro e do julgamento justo e confiável. Somente os tolos permitem que essa inimiga da alma destrua suas relações pessoais e sua reputação.[18] O próprio Salomão escreve: "O que presto se ira faz loucuras, e o homem de maus desígnios é odiado" (Pv 14:17), e acrescenta: "O longânimo é grande em entendimento, mas o de ânimo precipitado exalta a loucura" (Pv 14:29). O apóstolo Paulo diz que alimentar a ira é dar lugar ao diabo (Ef 4:26,27).

Em sexto lugar, *não veja a vida pelas lentes do retrovisor* (7:10). "Jamais digas: 'Por que foram os dias passados melhores do que estes?' Pois não é sábio perguntar assim". Walter Kaiser Jr. diz que desejar que o passado volte é viver no passado em vez de viver no presente.[19] Há pessoas saudosistas que moram no passado, habitam na saudade e vivem de lembranças. Reclamam do presente e paralisam os pés rumo ao futuro. Mas o passado não existe mais. O futuro está fora do nosso alcance. Só temos o hoje para viver. Desperdiçá-lo é insensatez. Michael Eaton é esclarecedor: "Pode ser necessário avaliar os tempos; lamentar-se especificamente pelos dias passados é erro e tolice. Não se pode resolver as dificuldades de uma época anelando ardentemente outra época".[20]

Busque a sabedoria (7:11,12)

Duas verdades são aqui destacadas:

Em primeiro lugar, *a sabedoria é proveitosa* (7:11). "Boa é a sabedoria, havendo herança, e de proveito, para os que veem o sol". A sabedoria é tão boa quanto a herança deixada pelos pais. Na verdade, a sabedoria é melhor do que a riqueza (Pv 16:16). Com o dinheiro podemos ter um padrão de vida mais alto; mas, com a sabedoria podemos ter uma qualidade de vida melhor.

Em segundo lugar, *a sabedoria é protetora* (7:12). "A sabedoria protege como protege o dinheiro; mas o proveito da sabedoria é que ela dá vida ao seu possuidor". Tanto a sabedoria como o dinheiro possuem valor. Precisamos do dinheiro para sobreviver na terra, e, da sabedoria para caminharmos para o céu. O dinheiro pode nos poupar de alguns sofrimentos, mas só a sabedoria pode nos fazer deleitar com a vida.

Confie em Deus (7:13,14)

Dois conselhos importantes são dados aqui:

Em primeiro lugar, *pare de lutar com Deus* (7:13). "Atenta para as obras de Deus, pois quem poderá endireitar o que ele torceu?". Essa metáfora revela a soberania de Deus. A aflição vem pela ordenação divina. O "torto" que precisa ser endireitado, muitas vezes, é encontrado nas aflições e adversidades da vida por um propósito do Eterno. Ninguém tem poder de endireitar o que Deus torceu. Não podemos impor nossa vontade ao Todo-poderoso Deus. Não podemos mudar o que Deus fez a não ser que Ele queira mudá-lo. Estamos sob o poder daquele que está assentado no trono. A soberania de Deus, porém, longe de nos empurrar para um fatalismo cego, nos abre a porta da esperança em face das provações da vida. Philip Ryken esclarece esse ponto assim:

> Quando o Pregador fala sobre algo "torcido" ou "torto", ele não está se referindo a algo que tenha saído moralmente da linha, como se Deus pudesse ser o autor do mal. Em vez disso, está falando sobre algum problema ou dificuldade na vida que gostaríamos de mudar, e não conseguimos. Lutamos com limites físicos do nosso corpo. Sofremos o fim de relacionamentos pessoais ou familiares. Temos algo que preferíamos ter ou não temos algo que gostaríamos de ter. Mais cedo ou mais tarde, aparece algo na vida que gostaríamos que Deus mudasse [...]. A porção de todos neste mundo tem alguma coisa torta nele. Não há perfeição aqui; não há nenhuma porção fora do céu sem alguma coisa torta.[21]

As coisas tortas da vida nos ajudam a tirar os olhos de nossa fraqueza para colocá-los na soberania de Deus. Ajudam-nos a nos desmamar deste mundo e a enxergar com mais clareza a malignidade do nosso pecado.

Em segundo lugar, *aceite o equilíbrio da vida* (7:14). "No dia da prosperidade goza do bem; mas, no dia da adversidade, considera em que Deus fez tanto este como aquele, para que o homem nada descubra do que há de vir depois dele". A vida tem suas estações. Há primavera e verão, outono e inverno. Há dias de festa e dias de choro. Há tempos de saúde e tempos de enfermidade. O profeta Jeremias diz que é o Altíssimo que envia tanto o mal como o bem (Lm 3:38). Jó diz: "Por acaso recebemos de Deus apenas o bem e não também o mal?" (Jó 2:10). Ainda afirmou: "O Senhor o deu, e o Senhor o tomou; bendito seja o nome do Senhor" (Jó 1:21). Devemos reconhecer que tanto os dias bons quanto os ruins vêm das mãos de Deus.

Harper lança luz sobre o assunto ao escrever:

> Deus entrelaça suas provisões, e encobre suas provisões, para que, incapazes de enxergar o futuro, possamos aprender a depositar nossa confiança nele em vez de em qualquer bem terreno. Por consequência, torna-se necessário ao homem aceitar tanto o torto como o reto, o mal como o bem, da mão de Deus, e confiar nele em tudo quanto suceder.[22]

Nessa mesma linha de pensamento, Walter Kaiser Jr. diz que os contrastes da vida são deliberadamente permitidos por Deus para que os homens finalmente desenvolvam uma humilde confiança nele e aprendam a depender dele.[23]

Tire os olhos de você e coloque-os em Deus (7:15-18)

Três lições são destacadas aqui:

Em primeiro lugar, *a vida nem sempre parece justa* (7:15). "Tudo isto vi nos dias da minha vaidade: há justo que perece na sua justiça, e há perverso que prolonga os seus dias na sua perversidade". Às vezes, a vida parece desesperadamente injusta. A história está eivada de exemplos de homens truculentos, déspotas cruéis que viveram até a velhice cercados de conforto enquanto servos de Deus foram duramente castigados pelas ordens dos perversos, suportando prisões imundas, escassez de paz e doloroso martírio, ainda na aurora da vida. Nas palavras de Philip Ryken, "pastores santos sofrem o martírio por sua fé, enquanto seus inimigos vivem para aterrorizar a Igreja. Vítimas inocentes são mortas na primavera da vida enquanto seus assassinos saem ilesos".[24]

Em segundo lugar, *cuidado com o legalismo e com a licenciosidade moral* (7:16,17). "Não sejas demasiadamente justo, nem exageradamente sábio, por que te destruirias a ti mesmo? Não sejas demasiadamente perverso, nem sejas louco; por que morrerias fora do teu tempo?". Walter Kaiser Jr. diz que há poucos versículos em Eclesiastes mais susceptíveis a interpretações incorretas do que estes (7:16,17). Para muitos, o conselho de Salomão é o assim chamado "meio-termo"; é como se ele dissesse: "não seja tão santo e não seja tão ímpio — peque apenas moderadamente, num meio-termo entre a virtude e o vício. [25]

Na verdade, a exortação que Salomão faz aqui é quanto ao risco da espiritualidade farisaica, da exposição de si mesmo, da autopromoção, da confiança na justiça própria, ou seja, pensar que somos mais justos do que realmente somos. Essa é uma exortação aos "inflexivelmente devotos" e aos "demasiadamente sábios" aos seus próprios olhos. A soberba é a sala de espera da ruína, o portal de desonra. A soberba precede a queda.

Harper tem razão em dizer que o texto se refere ao tipo de virtuosismo farisaico que Jesus condenou (Mt 5:20; Lc 5:32), bem como àquele que ostenta uma sabedoria absoluta que não tolera qualquer diferença de opinião. Extremos desse tipo destroem a influência de alguém para o bem e são desagradáveis a Deus.[26] O que Salomão está desencorajando não é a excessiva retidão, mas a autorretidão; não é a perversidade moderada, mas a capitulação ao mal. É digno de nota que o vocábulo "sábio" (7:16) deve ser traduzido reflexivamente (pois é a forma hebraica do *hithpael*) como "pensar de si mesmo como dotado de sabedoria". Assim o versículo 16 deve ser entendido como preconiza Provérbios 3:7: "Não sejas sábio aos teus próprios olhos".

O alerta que Salomão faz no versículo 17 é, obviamente, acerca do perigo de entregar-se à impiedade sem freios, pois esta atrai a ira de Deus e encurta a vida. É tolice confiar na impiedade humana, pensando que Deus não vai trazer a juízo os transgressores, assim como é insensatez uma confiança excessiva na suposta piedade humana. Philip Ryken interpreta corretamente, quando escreve: "A vida correta segue o caminho entre dois extremos, evitando a hipocrisia, mas não permitindo que a perversão inata siga o seu rumo natural".[27]

Walter Kaiser Jr. é oportuno quando escreve:

> O perigo é que os mortais podem enganar a si mesmos e as outras pessoas por meio de uma multiplicidade de ações pseudorreligiosas de santimônia ou ostentação no ato de adoração: em alguns, um espírito de hipercriticismo contra desvios menores de suas normas culturais, as quais são equiparadas à justiça de Deus, e em outros, uma presunção repulsiva e arrogante, uma atitude do tipo "sou mais santo que você".[28]

Em terceiro lugar, *tema a Deus* (7:18). "Bom é que retenhas isto e, também, daquilo não retires a tua mão; pois quem teme a Deus de tudo isto sai ileso". Concordo com Walter Kaiser Jr. quando diz que a melhor proteção contra ambos os absurdos retratados nos versículos 16 e 17 é o temor de Deus, pois a verdadeira sabedoria procede do temor ao Senhor. Nem a loucura do homem nem uma justiça presunçosa e forçada servirão de guia, ou de roupagem, para disfarçar a verdadeira necessidade dos homens. Eles devem aprender a temer a Deus, essa é a verdadeira sabedoria. A sabedoria não é uma avaliação autoimposta das próprias capacidades ou realizações do ser humano; é, sim, uma proteção contra todos esses erros e excessos.[29]

Busque a sabedoria de Deus para superar os problemas da vida (7:19-29)

Sete conselhos são dados aqui:

Em primeiro lugar, *a sabedoria é a melhor protetora* (7:19). "A sabedoria fortalece ao sábio, mas do que dez poderosos que haja na cidade". Vemos nas Escrituras a importância da sabedoria. Ela é mais valiosa do que pérolas (Jó 28:18), melhor do que joias (Pv 8:11), melhor do que ouro (Pv 16:16). É como um ribeiro transbordante (Pv 18:4) que pode salvar vidas (7:12). Ela é protetora. A sabedoria protege mais do que um exército. É mais forte do que as armas mais poderosas. Blinda-nos com mais segurança do que os escudos mais espessos. Dez poderosos bem armados podem fracassar em nos proteger, mas não a sabedoria. Michael Eaton interpreta corretamente quando escreve: "O sentido é que a sabedoria aliada ao temor do Senhor poderá ser maior do que a sabedoria coletiva de um grupo de líderes experientes. Precisa-se mais do poder interno do que de aconselhamento externo".[30] Philip Ryken lança luz sobre este magno assunto ao escrever:

Conselhos para uma vida melhor

> Uma pessoa sábia tem a força de uma cidade bem administrada. A sabedoria governa os pensamentos; por isso, uma pessoa sábia sabe como refletir sobre as coisas centrando os seus pensamentos em Deus. A sabedoria governa a vontade; por isso, uma pessoa sábia sabe fazer as escolhas certas na vida. A sabedoria governa a fala; por isso, a pessoa sábia sabe o que dizer e o que não dizer. A sabedoria governa os atos; por isso, a pessoa sábia sabe o que fazer em qualquer situação. Adquira sabedoria, e ela o deixará forte.[31]

Em segundo lugar, *o pecado é uma realidade universal* (7:20). "Não há homem justo sobre a terra que faça o bem e que não peque". John McAlister diz acertadamente que "o que a Bíblia ensina em Eclesiastes 7:20 e em tantas outras passagens é que, apesar de não sermos tão ruins quanto poderíamos ser, nenhum de nós é tão bom quanto deveríamos ser. Não há ninguém inteiramente justo, bom e que não peque (1Rs 8:46; Sl 143:2; Rm 3:9-20)".[32] Nas palavras de Walter Kaiser Jr., "em vez de existir alguém demasiadamente piedoso, a verdade é que ninguém está isento de falta em ação ou em palavra. Os homens são universalmente depravados, e todos estamos aquém da glória de Deus" (Rm 3:23).[33] Na perspectiva do Sínodo de Dort (1618-1619), toda a raça humana está num estado de depravação total.

Em terceiro lugar, *não se aflija com as críticas* (7:21,22). "Não apliques o coração a todas as palavras que se dizem, para que não venhas a ouvir o teu servo a amaldiçoar-te, pois tu sabes que muitas vezes tu mesmo tens amaldiçoado a outros". Concordo com John McAlister, quando diz que devemos filtrar bem tudo que chega aos nossos ouvidos, especialmente aquilo que diz respeito a nós, não importa se tenha vindo de alguém na família, no trabalho ou na própria igreja.[34]

Nas palavras de Charles Spurgeon, "deveríamos ser cegos de um olho e surdos de um ouvido".[35] Não podemos nos chatear por todas as coisas que as pessoas falam de nós pelo que falamos e fizemos. Antes, devemos examinar a nós mesmos em vez de imitar os maledicentes. Concordo com Walter Kaiser Jr.: "É tolice preocupar-nos em demasia e perturbar-nos com aquilo que as pessoas pensam e dizem a nosso respeito em seus momentos de imprudência, malevolência e insensatez".[36] Derek Kidner é claro: "Levar excessivamente a sério o que as pessoas dizem sobre nós significa ser magoado; de qualquer modo, todos nós já dissemos coisas que magoaram".[37]

São conhecidas as palavras do filósofo francês Blaise Pascal: "Se todos os homens soubessem o que cada um diz sobre o outro, não haveriam quatro amigos neste mundo".[38] O que precisamos admitir, portanto, é que nem sempre somos caridosos com as pessoas e muitas vezes temos dito coisas por trás das pessoas que jamais diríamos na frente delas. Nós mesmos somos a prova viva do que preconiza Eclesiastes 7:20,22.

Em quarto lugar, *você não é suficientemente sábio* (7:23). "Tudo isto experimentei pela sabedoria; e disse: tornar-me-ei sábio, mas a sabedoria estava longe de mim". Salomão pensou que tinha se tornado sábio, mas a sabedoria permaneceu fora do seu alcance. Reconheceu que a realidade que estava diante dele era profunda demais e que ninguém era suficientemente sábio para chegar ao âmago das coisas. Derek Kidner define essa busca frustrada da sabedoria como "o epitáfio de cada filósofo".[39]

Em quinto lugar, *você não é suficientemente conhecedor* (7:24,25). "O que está longe e muito profundo, quem o achará? Apliquei-me a conhecer, e a investigar, e a buscar a sabedoria e meu juízo de tudo, e a conhecer que a perversidade é insensatez e a insensatez, loucura". Quanto mais sabemos, mais sabemos que pouco ou quase nada sabemos. O sábio é aquele que sabe, que nada sabe, pois sabe que o que não sabe é muito maior do que o que sabe.

Concordo com Philip Ryken, quando escreve: "Conhecer os limites da sabedoria é parte da sabedoria. Quanto mais sabemos, mais devemos perceber quão pouco sabemos, e que qualquer sabedoria que temos é uma dádiva de Deus".[40] Isso nos leva ao caminho da humildade e da fé, aquilo que Calvino chamou de "ignorância instruída".[41]

Em sexto lugar, *fuja da sedução sexual* (7:26-28). Assim o Pregador escreve:

> Achei coisa mais amarga do que a morte: a mulher cujo coração são redes e laços e cujas mãos são grilhões; quem for bom diante de Deus fugirá dela, mas o pecador virá a ser seu prisioneiro. Eis o que achei, diz o Pregador, conferindo uma coisa com outra, para a respeito delas, formar o meu juízo, juízo que ainda procuro e não o achei: entre mil homens achei um como esperava, mas entre tantas mulheres não achei nem sequer uma.

A militância feminina é açodada em acusar Salomão de sexista, machista e misógino. Porém, o Pregador não está dizendo que os homens são moralmente melhores (7:20,29). Se quisermos saber o que Salomão pensa das mulheres precisamos consultar Eclesiastes 9:9 e Provérbios 12:4; 14:1; 18:22; 19:14. Concordo com John McAlister quando escreve: "O que Eclesiastes parece nos dizer, de forma proverbial, é que, após avaliar este mundo caído de pessoas caídas, as chances de encontrar alguém digno entre os homens e as mulheres é uma em mil".[42]

Salomão viveu para cair nessas redes, nesses laços e ficar prisioneiro nesses grilhões. Em virtude de suas alianças políticas, teve mil mulheres, sendo setecentas princesas e trezentas concubinas (1Rs 11:1-6; Pv 2:18,19; Pv 5:4,5). Essas mulheres perverteram o seu coração, a ponto de Salomão levantar templos aos deuses pagãos em Israel e se prostrar diante deles. A sedução sexual sempre foi uma armadilha atraente e muito perigosa. Nenhum homem é suficientemente forte para resistir a essa tentação. A única maneira de escapar dessa armadilha é fugir, como José fugiu da mulher de Potifar (Gn 39:12).

Harper diz que as mil mulheres na vida de Salomão eram apenas seus brinquedos e fantoches. Foram tiradas de sua dignidade natural e usadas para satisfazer suas necessidades, condenadas a ser brinquedos, treinadas apenas para atender aos seus sentidos. Não é de se espantar, portanto, que elas tenham caído de seu devido lugar de honra.[43]

Concordo com Michael Eaton, quando diz que Salomão está falando aqui de um tipo particular de mulher. Ela é mais amarga que a morte. Ela tem instinto de caçador, usando redes e laços. Ela é dotada de grande força de retenção, pois suas mãos são grilhões.[44]

Em sétimo lugar, *a culpa não é de Deus* (7:29). "Eis o que tão-somente achei: que Deus fez o homem reto, mas ele se meteu em muitas astúcias". Este texto afirma que o homem foi criado por Deus em vez de ser produto da evolução. O homem foi criado inocente e não depravado. Este texto é categórico em afirmar, portanto, a inocência original do homem e sua queda subsequente. Adão tornou-se o autor de sua própria ruína e da ruína de todos nós (Rm 5:12). Ele foi como uma raiz podre que destruiu a árvore toda. C. S. Lewis interpretou bem, ao escrever: "Descender do senhor Adão e da senhora Eva é uma honra grande o bastante para levantar a cabeça do mais pobre mendigo e uma vergonha grande o bastante para curvar os ombros do maior imperador da terra".[45]

Michael Eaton diz que o pecado humano é *perverso*. As muitas astúcias são planos manhosos para enganar. É também *deliberado*. A expressão "ele se meteu" indica algo persistente. É, além disso, *universal*. O pecado atingiu todos os homens (Rm 3:23). Finalmente, o pecado é *multiforme,* pois o homem se meteu em muitas astúcias.[46] Concordo com Philip Ryken, quando diz que "o pecado é o grande igualador. Cada homem, cada mulher e cada criança é pecador".[47]

Concluo este capítulo dizendo que conhecer a nossa desgraça sem conhecer a graça de Deus é entrarmos por um túnel de desespero. A raça humana caiu no primeiro Adão, mas no segundo Adão, Jesus Cristo, nosso Senhor, encontramos copiosa redenção (Rm 5:15,17).

NOTAS

[1] RYKEN, Philip Graham. *Eclesiastes*, 2017, p. 165.
[2] EATON, Michael A. *Eclesiastes: introdução e comentário*, 2017, p. 116.
[3] HARPER, A. F. *O livro de Eclesiastes*. In *Comentário bíblico Beacon*. Vol. 2, 2015, p. 448.
[4] RYKEN, Philip Graham. *Eclesiastes*, 2017, p. 166.
[5] JR, KAISER, Walter C. *Eclesiastes*, 2015, p. 112,113.
[6] _____. *Eclesiastes*, 2015, p. 115.
[7] RYKEN, Philip Graham. *Eclesiastes*, 2017, p. 168.
[8] JR, KAISER, Walter C. *Eclesiastes*, 2015, p. 113.
[9] EATON, Michael A. *Eclesiastes: introdução e comentário*, 2017, p. 116.
[10] MCALISTER, John. *O verdadeiro valor da vida*, 2021, p. 155.
[11] JR, KAISER, Walter C. *Eclesiastes*, 2015, p. 113,115.
[12] EATON, Michael A. *Eclesiastes: introdução e comentário*, 2017, p. 116.

[13] _____. *Eclesiastes: introdução e comentário*, 2017, p. 117.
[14] Idem.
[15] _____. *Eclesiastes: introdução e comentário*, 2017, p. 118.
[16] RYKEN, Philip Graham. *Eclesiastes*, 2017, p. 175.
[17] HARPER, A. F. *O livro de Eclesiastes*. In *Comentário bíblico Beacon*. Vol. 3, 2015, p. 449.
[18] Idem.
[19] JR, KAISER, Walter C. *Eclesiastes*, 2015, p. 114.
[20] EATON, Michael A. *Eclesiastes: introdução e comentário*, 2017, p. 119.
[21] RYKEN, Philip Graham. *Eclesiastes*, 2017, p. 181.
[22] HARPER, A. F. *O livro de Eclesiastes*. In *Comentário bíblico Beacon*. Vol. 3, 2015, p. 450.
[23] JR, KAISER, Walter C. *Eclesiastes*, 2015, p. 116.
[24] RYKEN, Philip Graham. *Eclesiastes*, 2017, p. 184,185.
[25] JR, KAISER, Walter C. *Eclesiastes*, 2015, p. 118.
[26] HARPER, A. F. *O livro de Eclesiastes*. In *Comentário bíblico Beacon*. Vol. 3, 2015, p. 451.
[27] RYKEN, Philip Graham. *Eclesiastes*, 2017, p. 187.
[28] JR, KAISER, Walter C. *Eclesiastes*, 2015, p. 118.
[29] _____. *Eclesiastes*, 2015, p. 119,120.
[30] EATON, Michael A. *Eclesiastes: introdução e comentário*, 2017, p. 122.
[31] RYKEN, Philip Graham. *Eclesiastes*, 2017, p. 192.
[32] MCALISTER, John. *O verdadeiro valor da vida*, 2021, p. 171.
[33] JR, KAISER, Walter C. *Eclesiastes*, 2015, p. 120
[34] MCALISTER, John. *O verdadeiro valor da vida*, 2021, p. 172.
[35] SPURGEON, Charles H. *Lições aos meus alunos*. Vol. 1. São Paulo: PES, 1980, p. 196.
[36] JR, KAISER, Walter C. *Eclesiastes*, 2015, p. 120.
[37] KIDNER, Derek. *The Message of Ecclesiastes*, 1976, p. 69.
[38] RYKEN, Philip Graham. *Eclesiastes*, 2017, p. 193.
[39] KIDNER, Derek. *The Message of Ecclesiastes*, 1976, p. 71.
[40] RYKEN, Philip Graham. *Eclesiastes*, 2017, p. 196.
[41] Idem.
[42] MCALISTER, John. *O verdadeiro valor da vida*, 2021, p. 176.
[43] HARPER, A. F. *O livro de Eclesiastes*. In *Comentário bíblico Beacon*. Vol. 3, 2015, p. 452.
[44] EATON, Michael A. *Eclesiastes: introdução e comentário*, 2017, p. 123.
[45] LEWIS, C. S. *Prince Caspian*. Nova York: Harper Collins, 1979, p. 233.
[46] EATON, Michael A. *Eclesiastes: introdução e comentário*, 2017, p. 124.
[47] RYKEN, Philip Graham. *Eclesiastes*, 2017, p. 200.

Capítulo 12

Como viver sabiamente num mundo marcado pela injustiça

(Ec 8:1-17)

A VIDA NÃO É indolor, tampouco justa. Viver sabiamente neste mundo caído é um grande desafio. No texto em tela, Eclesiastes 8:1-17, Salomão nos ajuda a lidar com diferentes situações, matriculando-nos na escola da sabedoria. A sabedoria é a grande pedagoga na escola da vida. Philip Ryken diz, com razão, que o versículo de abertura dessa passagem, isto é, o primeiro versículo do capítulo 8, é transicional. Resume o que o capítulo 7 disse sobre a sabedoria, abrindo ao mesmo tempo o caminho para o que o restante do capítulo 8 diz sobre coisas que estão fora do nosso controle.[1]

Destacaremos algumas lições procedentes desta professora da vida.

A grande importância da sabedoria (8:1)

Este versículo inicial retoma o tema do último capítulo. Se a sabedoria é profunda demais e distante demais para se encontrar, quem a encontra tem muitos benefícios. É óbvio que sabedoria é mais que conhecimento. É conhecimento colocado em ação por uma melhor compreensão e para um melhor propósito.

Salomão abre esta passagem com duas perguntas e em seguida engata uma afirmação: "Quem é como o sábio? E quem sabe a interpretação das coisas? A sabedoria do homem faz reluzir o seu rosto, e muda-se a dureza da sua face" (8:1). Muito embora alguns estudiosos pensem que a resposta às duas perguntas deve ser NINGUÉM, entendemos que, embora seja raro encontrar uma pessoa sábia, de fato, o sábio é alguém distinguido entre os demais, pois discerne a realidade ao seu redor. O sábio conhece, interpreta e age. Sua sabedoria faz seu rosto reluzir e sua face abrandar. Sua sabedoria é o melhor tratamento de pele e o melhor calmante nas tensões da vida. Nas palavras de Garofalo, "a sabedoria é o melhor amaciante e hidratante facial do mundo". Harper diz, com razão, que este versículo é uma ode de exaltação à sabedoria.[2]

Um exemplo clássico de sabedoria nas Escrituras é Daniel, o jovem hebreu levado para a Babilônia. A Escritura diz que, "em toda matéria de sabedoria e de inteligência", ele sabia dez vezes mais do que qualquer um dos estudiosos ou mágicos da Babilônia (Dn 1:20). Ele foi o único homem sábio no império capaz de interpretar o sonho do rei Nabucodonosor (Dn 2:1-49). Os próprios babilônios conseguiram perceber que sua aparência era melhor do que a aparência de seus jovens (Dn 1:15). Concordo com Philip Ryken, quando diz que a sabedoria do evangelho transforma a expressão rígida do pecado em sorriso da graça.[3] Os sábios são iluminados e seu rosto jamais sofrerá vexame (Sl 34:5).

A sabedoria ajuda você a ser um melhor cidadão (8:2-4)

Destacamos, aqui, quatro advertências da sabedoria. Vejamos:

Em primeiro lugar, *não seja insubmisso* (8:2). "Eu te digo: observa o mandamento do rei, e isso por causa do teu juramento feito a Deus". O governo humano é uma instituição divina. Walter Kaiser Jr. diz que o governo humano é o meio ordenado por Deus para corrigir muitas das atuais desordens nesta vida.[4] Nós somos cidadãos de dois reinos: cidadãos do mundo e do céu. Devemos honra e respeito ao rei e a Deus. Jesus foi categórico: "Dai a César o que é de César e a Deus o que é de Deus" (Lc 20:25). Nas palavras do apóstolo Paulo: "todo homem esteja sujeito às autoridades superiores; porque não há autoridade que não proceda de Deus; e as autoridades que existem foram por ele instituídas. De modo que aquele que se opõe à autoridade resiste à ordenação de Deus; e os que resistem trarão sobre si mesmos condenação" (Rm 13:1,2). A nossa submissão às autoridades constituídas é parte da nossa submissão a Deus.

Philip Ryken diz que o Pregador está falando sobre o direito divino de reis, como os monarcas que reinavam sobre Israel na Antiguidade. Esses princípios, porém, podem ser aplicados também a outras formas de governo ou, num sentido mais geral, a qualquer situação em que somos chamados para submeter-nos a uma autoridade conferida por

Deus.⁵ Essas autoridades, porém, podem exorbitar, a ponto de esmagar as pessoas, cometendo abuso de poder (8:9). Nas palavras de R. N. Whybray, "por um lado, Salomão recomenda obediência e submissão em razão da prudência, por outro lado, não oculta o fato de que considera isso brutal e tirânico".⁶ Warren Wiersbe destaca que o próprio Salomão colocou o seu povo sob um jugo pesado de servidão (1Rs 4:7-28; 12:4).

John McAlister tem razão em dizer que neste mundo caído, de líderes corruptos, precisamos da sabedoria divina para nos guiar pelo caminho da submissão às autoridades, do temor a Deus e do deleite no Senhor.⁷ Como entender, por exemplo, todos os mistérios da providência de Deus em ação na história quando homens da laia de Adolf Hitler, Benito Mussolini, Josef Stalin, Pol Pot, Kim Jong-Il, Fidel Castro e Hugo Chaves assumem o poder?

É digno de nota que a mais importante razão para obedecer ao rei é de natureza teológica: "... isso por causa do teu juramento feito a Deus" (8:2). Obedecer ao rei significa dar honra a Deus. Philip Ryken escreve: "Nossa submissão à autoridade na terra é parte importante da nossa submissão a Cristo no céu".⁸ Essa submissão tem limites? Sim! Está escrito: "Antes, importa obedecer a Deus do que aos homens" (At 5:29). Assim, quando se trata de um conflito entre Deus e os homens, precisamos obedecer a Deus, a autoridade superior.

Em segundo lugar, *não seja um desertor* (8:3a). "Não te apresses em deixar a presença dele...". Essas palavras de cautela apontam para aqueles que, rebelando-se contra a autoridade constituída, viram as costas para ela e resolvem desertá-la. Essa não é uma atitude sensata. Agir assim é estar na contramão da sabedoria. Philip Ryken lança luz sobre o assunto ao escrever:

> No mundo antigo, uma audiência com o rei era uma questão de vida ou morte. Quando Ester, por exemplo, entrou na sala do trono do rei, ela estava colocando sua vida em suas mãos, ao dizer: "Se perecer, pereci" (Et 4:16). Nesse contexto cultural, uma saída apressada da sala do trono era um sinal de desonra, uma maneira de expressar seu desrespeito pela autoridade.[9]

É óbvio que, por razões de consciência, nossa lealdade suprema deve ser a Deus. Um empregado pode preferir ser despedido de seu trabalho a transigir com a verdade. Um cristão pode preferir a prisão ou até mesmo a morte a negar o Senhor Jesus. O apóstolo Pedro fala sobre os limites da obediência civil ou eclesiástica: "Antes, importa obedecer a Deus do que aos homens" (At 5:29).

Em terceiro lugar, *não seja um conspirador* (8:3b). "... nem te obstines em coisa má, porque ele faz o que bem entende". Outra atitude inadequada para um cidadão é conspirar contra a autoridade constituída, fazendo parte dos obstinados que conspiram contra o rei, para praticarem o mal e depô-lo. Insurgir-se contra o rei é remar contra a maré, é dar murro em ponta de faca, é entrar numa causa perdida, pois "o rei faz o que bem entende". Nas palavras de Warren Wiersbe, "não era seguro para ninguém questionar as decisões do rei, pois não havia lei alguma acima dele para condená-lo".[10] Salomão está alertando aqui sobre o perigo de, sob um governo injusto, rebelar-se de forma injusta, e pagar o mal como mal. O Pregador nos instrui a combater o mal com santidade, como os amigos de Daniel na Babilônia que se recusaram, pacificamente, a adorar qualquer pessoa além de Deus (Dn 3:1-30).

Em quarto lugar, *não meça força* (8:4). "Porque a palavra do rei tem autoridade suprema; e quem lhe dirá: Que fazes?". Diferente do estado democrático de direito, no sistema monárquico, o rei tinha autoridade suprema. Suas ordens não eram questionadas. Sua vontade era soberana. Portanto, medir forças contra o rei era laborar numa causa perdida. Segundo Derek Kidner, existem tempos em que "a sabedoria precisa dobrar suas asas e assumir uma forma discreta, contentando-se a manter seu dono longe do perigo".[11] A Escritura diz: "Teme ao Senhor, filho meu, e ao rei e não te associes com os revoltosos" (Pv 24:21).

A sabedoria ajuda você a agir com discernimento (8:5,6)

Três orientações são dadas aqui:

Em primeiro lugar, *cumpra as leis* (8:5a). "Quem guarda o mandamento não experimenta nenhum mal...". A obediência às leis é o nosso melhor guardião. Nas palavras do apóstolo Paulo, "Porque os magistrados não são para temor, quando se faz o bem, e sim quando se faz o mal. Queres tu não temer a autoridade? Faze o bem e terás louvor dela, visto que a autoridade é ministro de Deus para teu bem. Entretanto, se fizeres o mal, teme; porque não é sem motivo que ela traz a espada; pois é ministro de Deus, vingador, para castigar o que pratica o mal" (Rm 13:3,4).

Em segundo lugar, *aja no tempo certo* (8:5b). "... e o coração do sábio conhece o tempo...". Philip Ryken diz, acertadamente, que a pessoa sábia tem um sentido do tempo de Deus.[12] O próprio Salomão já havia dito que "há tempo para todo propósito debaixo do céu" (3:1). Há fartos exemplos nas Escrituras acerca daqueles que souberam aguardar o tempo certo e oportuno para falar e agir. José aguardou o tempo certo para revelar-se a seus irmãos. Daniel aguardou a hora certa para propor uma solução ao chefe da cozinha da mesa real, a fim de não se contaminar com as comidas sacrificadas aos ídolos. Neemias aguardou a hora certa de falar com o rei Artaxerxes e ser por ele enviado para restaurar Jerusalém. Concordo com Warren Wiersbe, quando diz que não é fácil ser um cristão coerente neste mundo perverso.[13]

Em terceiro lugar, *aja da forma certa* (8:5c,6). "... e o modo. Porque para todo propósito há tempo e modo; porquanto é grande o mal que pesa sobre o homem". Não basta saber o tempo certo de agir, precisamos também escolher a forma certa de fazê-lo. Todo propósito requer tempo certo e metodologia certa de abordagem. Se falharmos nesses dois aspectos, longe de diminuirmos a pressão, só aumentaremos seu peso sobre nós.

A sabedoria ajuda você a lidar com as situações inadministráveis (8:7-9)

Destacamos aqui seis lições importantes:

Em primeiro lugar, *você não administra o futuro* (8:7). "Porque este não sabe o que há de suceder; e, como há de ser, ninguém há que lho declare". Não existe bola de cristal nem mecanismos místicos para o homem decifrar os segredos que estão nas dobras do futuro. O homem não enxerga na curva. Não vê no escuro. Não decifra o que está por vir. O passado já se foi, o futuro ainda não veio. Só podemos administrar o presente. Não sabemos o que o futuro trará nem o que acontecerá amanhã. Concordo com Michael Eaton, quando escreve: "A chave da perplexidade humana está na frustração e ignorância concernente ao futuro. Quanto a isto, não encontramos ajuda em nós mesmos; nem em outra pessoa qualquer".[14]

Em segundo lugar, *você não domina o vento* (8:8a). "Não há nenhum homem que tenha domínio sobre o vento para o reter...". O vento não pode ser domesticado nem estocado. O vento sopra onde quer (Jo 3:8). É livre, soberano e misterioso. A palavra hebraica *ruah,* "vento" é a mesma para "espírito". Assim como o vento não pode ser detido, também o espírito do homem não pode ser aprisionado nem detido. Michael Eaton esclarece: "Jamais se encontrará prisão que encarcere o espírito, a vida interior do homem, com suas aspirações, impulsos e convicções".[15] Os homens podem privar-nos de nossos bens, família, liberdade e até da própria vida, mas ninguém pode algemar nosso espírito. Podemos fazer nossas próprias escolhas.

Em terceiro lugar, *você não domina o dia da morte* (8:8b). "... nem tampouco tem ele poder sobre o dia da morte...". A morte é o grande sinal de igualdade na equação da vida. Chega para todos, democraticamente, e chega sem mandar aviso prévio. A seta da morte alcança o apartamento de coberta do prédio mais alto e atravessa as trancas de ferro mais seguras. A morte visita o pobre e o rico de igual modo. Atinge os velhos e os moços da mesma forma. O homem não tem o poder de controlar o dia da sua morte. Em breve tomaremos a última refeição, cantaremos a última música, abraçaremos o último amigo, pronunciaremos a última palavra e respiraremos pela última vez.

Em quarto lugar, *você não domina os conflitos da vida* (8:8c). "... nem há tréguas nesta peleja...". A vida é um campo de batalha sem tréguas. A luta nunca cessa. A guerra nunca entra em recesso. Os conflitos da vida não podem ser dominados unilateralmente. Um bom soldado não pode fugir do perigo. Nas palavras de Philip Ryken, "um soldado não pode enganar o sistema, fugir do serviço ou se afastar sem licença. Nem mesmo a iniquidade no campo de batalha pode tirar dele a responsabilidade de lutar".[16]

Em quinto lugar, *você não domina as consequências de seus atos* (8:8d). "... nem tampouco a perversidade livrará aquele que a ela se entrega". O homem pode escolher seus atos, mas não o resultado deles. Pode praticar perversidades, mas não se livrar de suas consequências. Ninguém pode deter a execução inevitável da lei de Deus. Há aqui a inevitável lei da semeadura e da colheita. O que o homem semear, isso ele ceifará (Gl 6:7). A Escritura diz: "Sabei que o vosso pecado vos há de achar" (Nm 32:23).

Em sexto lugar, *você não domina as injustiças da vida* (8:9). "Tudo isto vi quando me apliquei a toda obra que se faz debaixo do sol; há tempo em que um homem tem domínio sobre outro homem, para arruiná-lo". Nem todo governo é justo. Nem toda liderança é saudável. Há aqueles que fazem de seu governo uma tirania e usam sua liderança para esmagar os liderados, num claro abuso de poder. As ditaduras socialistas e comunistas do passado e da atualidade são um claro exemplo desse abuso de poder. Onde a liberdade é subtraída, as pessoas são arruinadas. Onde o livre pensamento e a liberdade de expressão são cerceados reina a opressão e a tirania. Concordo com Philip Ryken quando diz que o modo sábio de viver neste mundo injusto é submetermo-nos à soberania de Deus e confiar nossa vida ao senhorio de Jesus Cristo, aquele que é a sabedoria de Deus (1Co 1:30) e o Rei dos reis (Ap 19:6).[17]

A sabedoria ajuda você a compreender a morte e as injustiças do mundo (8:10)

Salomão escreve: "Assim também vi os perversos receberem sepultura e entrarem no repouso, ao passo que os que frequentavam o lugar santo foram esquecidos na cidade onde fizeram o bem; também isto é vaidade" (8:10). O texto em tela fala-nos de dois fatos.

Em primeiro lugar, *a realidade da morte*. A morte vem para reis e vassalos, jovens e velhos, ricos e pobres, doutores e analfabetos, perversos e pios. Não determinamos o dia da nossa morte (8:8). A sepultura está à nossa frente. Esse caminho não pode ser contornado.

Em segundo lugar, *a vida nem sempre é justa*. Há perversos que vivem no luxo, vendendo saúde, cercados de amigos e são muito populares, e há piedosos que são afligidos e castigados a cada manhã (Sl 73:1-14). O mundo está repleto de exemplos de injustiças clamorosas. Homens maus vivem muitos anos e descem à sepultura debaixo de honras enquanto homens piedosos têm seus dias encurtados pela violência dos maus, sofrendo maus tratos nas prisões, e quando descem à uma cova rasa são esquecidos pela história. Do lado de cá da sepultura há ímpios se regalando esplendidamente e piedosos chagados e famintos (Lc 16:19-31).

Nesta vida, há uma inversão de retribuição e recompensa. O Pregador chamou isso de vaidade, algo repugnante à razão, uma gritante injustiça. A morte, porém, equaciona os dilemas da vida, pois a vida não se encerra com ela. Depois da morte vem o juízo (Hb 9:27). O próprio Salomão afirmou: "A memória do justo é abençoada, mas o nome dos perversos cai em podridão" (Pv 10:7).

A sabedoria ajuda você a entender que o atraso na aplicação da lei leva à corrupção (8:11)

Está escrito: "Visto como se não se executa logo a sentença sobre a má obra, o coração dos filhos dos homens está inteiramente disposto a praticar o mal" (8:11). A impunidade é a mãe da corrupção. Onde a lei se afrouxa e os juízes fazem vistas grossas aos desmandos da lei, a prática do mal é incentivada. O atraso na aplicação da lei estimula o crime, dando a falsa sensação de que o crime compensa. Sempre que os transgressores tiverem a sensação de que poderão cometer crimes e escaparem da lei, lançar-se-ão ainda mais açodadamente nessas práticas nefastas. A justiça que tarda, falha!

Por que Deus não pune o pecador no ato de seu pecado? Por causa de longanimidade e imensa misericórdia (Êx 34:6; 2Pe 3:10). Porém, ai daqueles que abusam da paciência de Deus como desculpa para a sua imoralidade. Esses serão quebrados repentinamente sem que haja cura (Pv 29:1).

Salomão afirma que a demora na aplicação da lei e no exercício da justiça leva o indivíduo a ir atrás do mal. O eloquente tribuno brasileiro, Rui Barbosa, em seu discurso no senado, no dia 17 de dezembro de 1914, expressou esse fato assim:

> De tanto ver triunfar as nulidades; de tanto ver prosperar a desonra, de tanto ver crescer a injustiça. De tanto ver agigantarem-se os poderes nas mãos dos maus, o homem chega a desanimar-se da virtude, a rir-se da honra e a ter vergonha de ser honesto.

A sabedoria ajuda você a entender que o julgamento de Deus é justo e sua justiça nunca falha (8:12,13)

Salomão registra: "Ainda que o pecador faça o mal cem vezes, e os dias se lhe prolonguem, eu sei com certeza que bem sucede aos que temem a Deus. Mas o perverso não irá bem, nem prolongará os seus dias; será como a sombra, visto que não teme diante de Deus" (8:12,13). A justiça da terra pode ser torcida, negada e retardada, porém, a justiça do céu nunca falha. Nem sempre Deus pune o pecado no ato de sua transgressão. A demora de Deus não é descuido com a lei, mas uma expressão de sua longanimidade, uma oferta oportuna de arrependimento. Porém, aquele que muitas vezes é repreendido e endurece sua cerviz é quebrado repentinamente sem que haja cura (Pv 29:1).

A justiça de Deus não falha. A aparente impunidade e a longevidade não podem livrar os pecadores das mãos de Deus. Warren Wiersbe tem razão em dizer que não importa quão longa ou abundante seja a vida do perverso, ela é apenas prolongada como uma sombra sem substância. A vida longa do perverso é apenas um prelúdio para a escuridão eterna.[18] John McAlister corrobora, dizendo:

> Não existe prosperidade nem longevidade de que os ímpios desfrutem nesta vida que se compare com a riqueza da herança eterna que aguarda os justos no porvir! E não existe sofrimento nem aflição que os justos experimentem nesta vida que se compare com o tormento eterno que os ímpios enfrentarão no juízo vindouro do Senhor.[19]

Philip Ryken destaca no versículo 12 que os perversos querem prolongar seus dias. Visto que não têm a certeza do céu, eles se agarram à vida, tentando desesperadamente viver o máximo que podem. Mas o versículo 13 afirma que eles não receberão um único dia a mais do que Deus lhes dá. As sombras ficam mais longas no fim do dia, mas os perversos não conseguem impedir o cair da noite da morte. O perverso, de fato, não irá bem. Quando morrer, seus pecados serão contados contra ele, sua alma será condenada ao inferno e ele será banido da presença de Deus para sempre, onde haverá choro e ranger de dentes (Mt 8:12).[20] Devemos temer a Deus porque ele é soberano sobre as estações da vida (3:14). Ao entrarmos em sua casa, devemos temê-lo (5:1,7). Devemos temer a Deus e guardar os seus mandamentos (12:13). Quando tememos a Deus, podemos saber que tudo nos irá bem (8:12,13).

A sabedoria ajuda você a compreender os problemas recorrentes da vida (8:14)

Está escrito: "Ainda há outra vaidade sobre a terra: justos a quem sucede segundo as obras dos perversos, e perversos a quem sucede segundo as obras dos justos. Digo que também isto é vaidade" (8:14). Salomão volta seus olhos para o mesmo problema que referenciou no versículo 10. Os perversos aplaudidos e os justos esquecidos são uma agenda recorrente na história das nações. Warren Wiersbe diz, com razão, que há mais injustiça no mundo do que desejamos reconhecer. As leis são como teias de aranha: pegam as moscas e deixam os falcões escaparem.[21] Como acentuou Asafe no salmo 73, neste mundo rendido ao pecado, aparentemente, o ímpio vive melhor que o justo.

A sabedoria ajuda você a desfrutar a vida com alegria (8:15)

Salomão escreve: "Então, exaltei a alegria, porquanto para o homem nenhuma coisa há melhor debaixo do sol do que comer, beber e alegrar-se; pois isso o acompanhará no seu trabalho nos dias da vida que Deus lhe dá debaixo do sol" (8:15). Salomão retoma a possibilidade de viver neste mundo carimbado pela dor, assolado pela injustiça e atingido pelas desigualdades, aproveitando a vida e desfrutando da alegria de comer, beber e alegrarmo-nos, usufruindo, assim, do fruto do nosso trabalho debaixo do sol.

Philip Ryken diz, com razão, que o mesmo temor de Deus que nos levará para a vida eterna nos ajuda também a encontrar alegria no aqui e no agora (2:24-26; 3:12,13,22; 5:18-20).[22] O mesmo autor, citando Agostinho de Hipona, escreve: "Salomão dedica todo o livro de Eclesiastes para sugerir, com a plenitude que julgava adequada, a vaidade desta vida com o objetivo final de fazer-nos ansiar por outro tipo de vida, que não seja uma sombra sem substância debaixo do sol, mas a realidade substancial debaixo do criador do sol".[23]

A sabedoria ajuda você a compreender suas limitações (8:16,17)

Salomão conclui, dizendo:

> Aplicando-me a conhecer a sabedoria e a ver o trabalho que há sobre a terra — pois nem de dia nem de noite vê o homem sono nos seus olhos —, então, contemplei toda a obra de Deus e vi que o homem não pode compreender a obra que se faz debaixo do sol; por mais que trabalhe o homem para a descobrir, não a entenderá; e, ainda que diga o sábio que a virá conhecer, nem por isso a poderá achar" (8:16,17).

A vida é complexa demais para o homem entendê-la. A complexidade da vida frustra qualquer filósofo. O enigma da vida deixa o mais sábio dos homens atônito e aturdido. Não sabemos tudo, não discernimos tudo. Vivemos na total dependência de Deus. Nas palavras de Philip Ryken, "aqui, Salomão nos confronta com os limites do conhecimento humano. Por outro lado, por mais cético que seja em relação à sua capacidade de conhecer a mente de Deus, ele mesmo assim acredita que aquilo que acontece no mundo seja a obra de Deus".[24] Por essa causa, precisamos de sabedoria para caminhar no dia de hoje, recebendo o maná de hoje, para fazermos a vontade de Deus hoje.

Notas

[1] RYKEN, Philip Graham. *Eclesiastes*, 2017, p. 203.
[2] HARPER, A. F. *O livro de Eclesiastes*. In *Comentário bíblico Beacon*. Vol. 3, 2015, p. 452.
[3] RYKEN, Philip Graham. *Eclesiastes*, 2017, p. 204.
[4] JR, KAISER, Walter C. *Eclesiastes*, 2015, p. 123.
[5] RYKEN, Philip Graham. *Eclesiastes*, 2017, p. 205,206.
[6] WHYBRAY. R. N. *Ecclesiastes*. The New Century Bible Commentary. Grand Rapids, MI: Eerdmans, 1989, p. 134,135.
[7] MCALISTER, John. *O verdadeiro valor da vida*, 2021, p. 181.
[8] RYKEN, Philip Graham. *Eclesiastes,* 2017, p. 207.
[9] _____. *Eclesiastes*, 2017, p. 208.
[10] WIERSBE, Warren W. *Comentário bíblico expositivo.* Vol. 3, 2006, p. 493.
[11] KIDNER, Derek. *The Message of Ecclesiastes*, 1976, p. 74.
[12] RYKEN, Philip Graham. *Eclesiastes*, 2017, p. 209.
[13] WIERSBE, Warren W. *Comentário bíblico expositivo.* Vol. 3, 2006, p. 494.
[14] EATON, Michael A. *Eclesiastes: introdução e comentário*, 2017, p. 127.
[15] Idem.
[16] RYKEN, Philip Graham. *Eclesiastes, 2017,* p. 211.
[17] RYKEN, Philip Graham. *Eclesiastes*, 2017, p. 211.
[18] WIERSBE, Warren W. *Comentário bíblico expositivo.* Vol. 3. 2006, p. 494,495.
[19] MCALISTER, John. *O verdadeiro valor da vida*, 2021, p. 190.
[20] RYKEN, Philip Graham. *Eclesiastes*, 2017, p. 219.
[21] WIERSBE, Warren W. *Comentário bíblico expositivo.* Vol. 3. 2006, p. 494.
[22] RYKEN, Philip Graham. *Eclesiastes*, 2017, p. 221.
[23] Idem.
[24] _____. *Eclesiastes*, 2017, p. 226.

Capítulo 13

Sabedoria para viver e morrer

(Ec 9:1-18)

SALOMÃO ENCERROU O CAPÍTULO anterior meditando sobre os limites do entendimento humano acerca das obras de Deus no mundo (8:16,17). Na sequência, abre um novo capítulo de seu livro meditando sobre os limites da existência humana.[1]

Salomão é um homem obstinado para compreender o significado da vida. Ao lançar-se nessa investigação meticulosa e exaustiva, fica completamente aturdido com os mistérios indecifráveis da vida e com a realidade inevitável da morte. Como encontrar, na sabedoria, motivos para celebrar a vida e preparar-se para a morte? John McAlister diz que o homem precisa lembrar-se de que morrerá ao mesmo tempo que precisa lembrar-se de viver. Nesta vida dura, curta e incerta, em que a morte aguarda a todos, devemos desfrutar bem da vida que Deus nos dá. ² Ainda que não encontremos todas as respostas às nossas perguntas, devemos aprender a servir a Deus mesmo quando não temos essas respostas.

A seguir, destacaremos algumas preciosas lições do texto em apreço.

A morte é inevitável (9:1-3)

Salomão ensina-nos quatro verdades solenes no texto em tela. Vejamos:

Em primeiro lugar, *nossa vida está nas mãos de Deus* (9:1a). "Deveras me apliquei a todas estas coisas para claramente entender tudo isto: que os justos, e os sábios, e os seus feitos estão nas mãos de Deus...". Salomão é um filósofo em busca de entendimento. Incansavelmente aplica-se à investigação até chegar à conclusão que nossa vida, não importa quão piedosa seja nossa conduta ou quão grandes sejam nossas obras, está rigorosamente nas mãos de Deus. Não somos capitão do nosso próprio destino tampouco timoneiros da nossa própria vida. Não temos mais controle sobre a nossa jornada do que um capitão tem sobre as ondas e as tempestades em alto mar. Tanto nossa vida quanto nossas obras estão nas mãos de Deus. Concordo com Philip Ryken, quando escreve: "Todos estão nas mãos de Deus. A pergunta é se a mão de Deus é por nós ou contra nós. Ele é nosso amigo ou inimigo?".[3] O autor aos Hebreus diz: "Horrível coisa é cair nas mãos do Deus vivo" (Hb 10:31).

Em segundo lugar, *nós não administramos o futuro* (9:1b). "... e, se é amor ou se é ódio que está à sua espera, não o sabe o homem. Tudo lhe está oculto no futuro". A vida não é um mar de rosas. Não vivemos numa estufa, blindados das intempéries do tempo ou da maldade dos homens. Não pisamos tapetes aveludados, mas marchamos em estradas crivadas de espinhos. Não vivemos num jardim engrinaldado de flores, mas num deserto inóspito. Não navegamos por mares calmos, mas enfrentamos ondas revoltas e ventos procelosos. Não sabemos o que a vida nos reserva. Não enxergamos na curva. Não vemos no escuro. Não administramos o futuro. Não sabemos se o que está à nossa frente é amor ou ódio.

Em terceiro lugar, *a vida não parece justa* (9:2,3a). Salomão escreve:

> Tudo sucede igualmente a todos: o mesmo sucede ao justo e ao perverso; ao bom, ao puro e ao impuro; tanto ao que sacrifica como ao que não sacrifica; ao bom como ao pecador; ao que jura como ao que teme o juramento. Este é o mal que há em tudo quanto se faz debaixo do sol: a todos sucede o mesmo; também o coração dos homens está cheio de maldade, nele há desvarios enquanto vivem..." (9:2,3a).

Walter Kaiser Jr. diz que a ausência momentânea de qualquer distinção entre os justos e os ímpios no que diz respeito a todos terem de morrer é um grande mistério.[4] Não identificamos um indivíduo justo apenas pelas coisas que lhe sucedem. Homens íntegros, retos, tementes a Deus e que se desviam do mal como Jó são assolados por crises medonhas e sofrimentos atrozes; cristãos piedosos como Estêvão são apedrejados; embaixadores do evangelho como Paulo são degolados. Coisas más acontecem com pessoas boas e coisas boas sucedem a pessoas más. Neste mundo, que está posto no maligno, não raro, vemos os ímpios prosperando e os justos sendo afligidos. Vemos inocentes saindo dos tribunais como culpados e culpados sendo aplaudidos como inocentes. Diante dessa realidade, Walter Kaiser Jr., com razão, diz que é muito impróprio quando as pessoas fazem uma ligação precipitada de correspondência entre culpa pessoal e sofrimento (Jo 9:1-3).[5] Concordo com Doug O'Donnell: "Moralidade não é proteção contra a mortalidade".[6]

As mesmas coisas sucedem a bons e a maus, a ateus e a crentes, a culpados e a inocentes, a homens cheios de maldade, que se entregam aos desvarios nos dias de sua vida e àqueles que lavam as mãos na inocência. Salomão viu essa realidade como um mal debaixo do sol. Do lado de cá da sepultura, não raro, todos sofrem o mesmo infortúnio. Philip Ryken ilustra esse fato assim:

> Quando ocorre uma tempestade, tanto o justo quanto o perverso são levados pelas águas. Quando ocorre um terremoto, as casas de ambos caem, e quando ocorre uma depressão econômica, ambos acabam falidos. Em termos mais otimistas, quando os tempos são bons, a maré sustenta todos os barcos. Portanto, jamais seremos capazes de separar o justo do perverso por base naquilo que acontece no mundo. Deus faz vir chuvas sobre justos e injustos (Mt 5:45).[7]

Apesar dos grandes dilemas da vida, Salomão já havia deixado claro que tudo ficaria bem para os justos, mas não para os perversos (8:12,13). No dia do juízo o joio será separado do trigo. O trigo será recolhido no celeiro, mas o joio será lançado ao fogo (Lc 3:17).

Em quarto lugar, *a morte é absolutamente certa* (9:3b). "... depois, rumo aos mortos". Warren Wiersbe destaca que não é a primeira vez que o tema morte aparece no discurso de Salomão, nem será a última (1:4; 2:14-17; 3:18-20; 4:8; 5:15,16; 6:6; 8:8; 12:1-7). Afinal, a única maneira de estar preparado para viver é estar preparado para morrer. A morte é um fato inevitável e imprevisível da vida.[8] Ela chega para os bons e para os maus, para os justos e para os injustos. A vida pode parecer incerta e até injusta, mas a morte vem para todos de igual modo e iguala a todos. Mesmo que você coma bem, e seja cuidadoso com sua boa forma física, você morrerá ainda assim. Mais cedo ou mais tarde, a morte levará cada um de nós. Nas palavras de Harper, "não importa o que um homem é ou faz, ele morre".[9]

A morte é implacável (9:4-6)

Quatro fatos solenes são aqui mencionados:

Em primeiro lugar, *a morte fecha a porta da esperança* (9:4a). "Para aquele que está entre os vivos há esperança...". Onde há vida, há esperança. Enquanto o homem está vivo há esperança de se arrepender, voltar-se para Deus, emendar seus caminhos e viver com sabedoria, preparando-se para a morte. Depois da morte, porém, vem o juízo (Hb 9:27). Então, cessa toda esperança e terminam todas as possibilidades de mudança. Quem morre ímpio, ressuscita para o juízo. Só os que morrem no Senhor, ressuscitam para a vida (Dn 12:1-3; Jo 5:28,29).

Em segundo lugar, *a morte acaba com todo prestígio* (9:4b). "... porque mais vale um cão vivo do que um leão morto". O leão é proverbialmente conhecido como o rei da selva, o animal mais temido e mais respeitado entre os outros animais (Pv 30:30). O leão é símbolo de força, coragem e poder. O cão, por outro lado, não era um animal doméstico, mas um vira-lata detestável, carniceiro, um animal impuro, que vivia ao relento, perambulando pelas ruas, revirando o lixo para comer (1Sm 17:43; Pv 26:11).[10] Fica patente que não se pode comparar leões com cães. Mas um cão vivo vale mais do que um leão morto, pois a morte coloca um ponto final em todo prestígio. Um leão morto não ruge nem apanha sua presa. Um leão morto não é temido nem faz recuar os inimigos. Concordo com Philip Ryken, quando diz que a mensagem nesse contraste é simples: viver é melhor do que morrer.[11]

Em terceiro lugar, *a morte encerra os privilégios* (9:5). "Porque os vivos sabem que hão de morrer, mas os mortos não sabem coisa nenhuma, nem tampouco terão eles recompensa, porque a sua memória jaz no esquecimento". Os vivos podem se preparar para a morte, mas os mortos não podem voltar para fazer uma correção de rota da vida. Os mortos não podem alterar seu destino eterno. Até mesmo sua memória cairá no esquecimento. Derek Kidner diz que este texto nos confronta com o pouco que sabemos, depois, com a vasta extensão daquilo com o que não sabemos lidar; especialmente com a morte.[12] Fica evidente que precisamos ler Eclesiastes à luz da viva esperança que temos em Cristo Jesus, que morreu e ressuscitou como primícias de todos os que dormem (1Co 15:20). A morte não tem a última palavra em nossa vida. Para o cristão, morrer é lucro (Fp 1:21), é bem-aventurança (Ap 14:13), é deixar o corpo e habitar com o Senhor (2Co 5:8). É partir para estar com Cristo, o que é incomparavelmente melhor (Fp 1:23). Longe de nossa memória cair no esquecimento, fomos regenerados para uma viva esperança, mediante a ressurreição de Jesus Cristo dentre os mortos, para uma herança incorruptível, sem mácula, imarcescível, reservada nos céus (1Pe 1:3,4).

Em quarto lugar, *a morte encerra as atividades* (9:6). "Amor, ódio e inveja para eles já pereceram; para sempre eles não têm parte em coisa alguma do que se faz debaixo do sol". As atividades da vida, sejam boas, sejam ruins, de amor ou de ódio, de altruísmo ou de inveja, cessam com a morte. Não há labor na sepultura. Não há atividade no mundo dos mortos. Não há casamento depois da morte. Todo o labor do lado de cá da sepultura cessa com a morte.

A vida é para ser celebrada (9:7-10)

Salomão ressalta quatro verdades preciosas aqui:

Em primeiro lugar, *celebre a mesa farta* (9:7). "Vai, pois, come com alegria o teu pão e bebe gostosamente o teu vinho, pois Deus já de antemão se agrada das tuas obras". Walter Kaiser Jr. ressalta que em vez de deixar que a tristeza nos consuma a vida, Salomão recomenda insistentemente que nenhum mistério sem explicação em nossa vida deve nos impedir de desfrutá-la.[13]

Comer e beber deve ser um ato litúrgico, celebrado na presença de Deus e para a glória dele (1Co 10:31). Nossas refeições devem ser feitas com exultação. Não são prazeres entremeados de culpa, mas prazeres santos. A mesa posta, com pão e vinho, é um banquete que deve ser desfrutado com alegria e gratidão. Deus, na sua bondade, deu-nos variados tipos de alimento, colocou sabores diferentes neles e nos deu o privilégio do paladar para distingui-los. Salomão de forma recorrente lidou com esse tema em Eclesiastes (2:24-26; 3:12,13; 5:18; 8:15; 9:7). O próprio

Salomão tinha um banquete no palácio todos os dias (1Rs 4:22,23), mas ele também reconheceu que "melhor é um prato de hortaliças onde há amor do que o boi cevado e, com ele, o ódio" (Pv 15:17); "melhor é um bocado seco e tranquilidade do que a casa farta de carnes e contendas" (Pv 17:1). Concordo com Warren Wiersbe, quando diz: "A coisa mais importante do cardápio é o amor da família, pois o amor transforma uma refeição comum num banquete".[14]

Em segundo lugar, *aproveite todos os momentos da vida* (9:8). "Em todo tempo sejam alvas as tuas vestes, e jamais falte o óleo sobre a tua cabeça". As vestes alvas eram usadas nos dias especiais, nas festas mais alegres. Eram usadas pelos heróis de guerra em procissão triunfal, pelos escravos no dia em que ganhavam sua liberdade e pelos sacerdotes nos dias de festa de Israel, e o óleo sobre a cabeça era uma expressão de alegria e contentamento (Sl 23:5; 45:7).[15] O que Salomão está ensinando é que devemos celebrar o ordinário da vida de forma extraordinária. Cada dia deve ser vivido como se estivéssemos numa festa. Em vez de caminharmos pela vida murmurando, amargos com as duras realidades da existência, devemos colocar nossa melhor roupa e usar nosso melhor perfume para nos regozijarmos sempre no Senhor. Emílio Garofalo destaca que a ênfase de Salomão aqui é que devemos viver e vestir-nos com alegria, como se estivéssemos indo para ocasiões alegres. Há tempo de prantear em luto, mas, também, há tempo de se alegrar com roupa alegre.[16]

Timothy Keller, porém, é oportuno quando alerta:

> Os prazeres que as pessoas buscam costumam ser bons em si mesmos. O perigo surge quando eles assumem o lugar de Deus. Pecado não é só fazer coisas ruins, mas fazer das coisas

boas as coisas fundamentais. É tentar estabelecer uma identidade própria, tornando qualquer coisa mais central para o seu significado, propósito e felicidade do que o seu relacionamento com Deus.[17]

Metaforicamente este versículo nos fala das vestes brancas da santidade e do óleo da unção. Que nunca nos falte a santidade e a unção do Espírito Santo!

Em terceiro lugar, *desfrute a vida conjugal* (9:9). "Goza a vida com a mulher que amas, todos os dias de tua vida fugaz, os quais Deus te deu debaixo do sol; porque esta é a tua porção nesta vida pelo trabalho com que te afadigaste debaixo do sol". O casamento é uma dádiva de Deus e a sua solução para uma vida de solidão. As delícias da vida conjugal são dádivas divinas que devem ser usufruídas abundantemente. Amor e alegria andam de mãos dadas.

O casamento é digno de honra e o leito sem mácula, uma fonte de prazer. O matrimônio deve ser desfrutado com entusiasmo não apenas nos áureos dias de lua de mel, mas todos os dias da vida. A vida é passageira demais para transformar um casamento numa rotina enfadonha. Beba de sua cisterna e não passe fome no banquete. Michael Eaton resume as lições deste versículo assim: dentre as exigências do casamento estão: 1) a demonstração de afeto (*que amas*); 2) a busca ativa da alegria (*goza a vida*); 3) o encorajamento perpétuo (*todos os dias de tua vida*); e isto em meio às responsabilidades e deveres da vida (*pelo trabalho com que te afadigaste*).[18]

Em quarto lugar, *faça seu trabalho com excelência* (9:10). "Tudo quanto te vier à mão para fazer, faze-o conforme as tuas forças, porque no além, para onde tu vais, não há obra, nem projetos, nem conhecimento, nem sabedoria alguma".

O trabalho não é uma maldição, mas uma bênção. Não é fruto do pecado, mas foi instituído por Deus antes da queda. É ordenança divina para nós hoje e até mesmo depois da glorificação. A orientação de Salomão é que não devemos nos entregar ao ócio nem ao trabalho relaxado. O tempo de trabalhar é agora. O túmulo tem sido depositório de muitos sonhos não realizados, de muito trabalho não executado, de muitas promessas não cumpridas. Na sepultura todas as oportunidades de realização já terão cessado. Salomão destaca não apenas o que fazer, mas, também, o como fazer, ou seja, "conforme as tuas forças" (Cl 3:17,23).

Concluo este ponto com as palavras de John McAlister: "A vida é dura demais, curta demais e incerta demais para você e eu ficarmos resmungando e reclamando até a sepultura. Lembremos, sim, de que um dia morreremos: *memento mori*. Mas não nos esqueçamos de viver: *memento vivere!*".[19]

A morte é imprevisível (9:11,12)

Três lições solenes são aqui destacadas:

Em primeiro lugar, *a vida nos surpreende* (9:11a). "Vi ainda debaixo do sol que não é dos ligeiros o prêmio, nem dos valentes, a vitória, nem tampouco dos sábios, o pão, nem ainda dos prudentes, a riqueza, nem dos inteligentes, o favor...". Salomão escala um time de primeira divisão com vantagens inquestionáveis para sair vitorioso no campeonato da vida, mas, mesmo assim, às vezes, esse time sai derrotado. O Pregador menciona cinco grupos marcados para vencer: ligeiros, valentes, sábios, prudentes e inteligentes. Os ligeiros não ganham a maratona nem sobem no pódio. Os valentes não triunfam no campo de batalha. Os sábios sequer obtêm o básico para saborear o pão.

Os prudentes não acumulam riquezas. Os inteligentes não alcançam favor. O resultado de todo esse campeonato é uma grande zebra. Os improváveis ganham. Os lerdos chegam na frente. Os covardes vencem a batalha. Os tolos têm pão com fartura. Os imprudentes enriquecem. Os ignorantes alcançam o favor. Na verdade, a vida nos surpreende.

Philip Ryken diz, com razão, que habilidades humanas não são uma garantia de sucesso na vida.[20] Walter Kaiser Jr. corrobora: "No plano divino, a vitória pertence a quem corre com a força de Deus. A força, a sabedoria, a ligeireza, a sagacidade e a erudição só têm valor na medida em que são ordenadas por Deus. É inútil, portanto, confiar na capacidade humana em vez de no Deus vivo" (1Sm 17:47).[21]

Em segundo lugar, *a vida está fora do nosso controle* (9:11b). "... porém tudo depende do tempo e do acaso". É importante enfatizar que essa expressão não nega a soberania de Deus (Ef 1:11). O termo "acaso" significa, simplesmente, uma ocorrência ou acontecimento sem qualquer relação com sorte ou casualidade.[22] É óbvio que tudo está sob sua sábia providência e seu soberano controle. O que acontece na vida não é arbitrário, mas está sujeito à autoridade de Deus. Há momentos, porém, em que o tempo faz o vento mudar de direção e soprar contrário. Há momento em que Jesus é entregue nas mãos dos pecadores, Estêvão é apedrejado por uma multidão tresloucada, o apóstolo Paulo é condenado por Nero e os cristãos são lançados às feras. Essa é a hora do poder das trevas (Lc 22:53)! Tudo depende, também, do acaso, ou seja, dos acontecimentos que estão fora do nosso controle. O mesmo tsunami que invade a casa do ímpio, arrasta a casa do homem piedoso. O mesmo terremoto que desaba a casa do perverso, derruba a casa do homem justo. A mesma pandemia que ceifa a vida dos rebeldes e desobedientes, arrebata a vida do homem cheio do Espírito Santo.

Em terceiro lugar, *a morte chega sem mandar aviso prévio* (9:12). "Pois o homem não sabe a sua hora. Como os peixes que se apanham com a rede traiçoeira e como os passarinhos que se prendem com o laço, assim se enredam também os filhos dos homens no tempo da calamidade, quando cai de repente sobre eles". Os peixes e os pássaros são capturados antes mesmo de se darem conta. Se tivessem percebido que estavam nadando em direção a uma rede ou voando para uma armadilha, eles teriam seguido em direção oposta. Mas uma vez que estão presos, é tarde demais para fugir.[23]

A morte vem para todos e vem sem tocar campainha, sem mandar aviso prévio. Uma viagem que deveria ser a alegria da família, ceifa a vida de um ente querido num trágico acidente. Uma pessoa cheia de vida e sonhos é acometida por uma doença grave e sua vida é ceifada repentinamente. A morte chega para jovens e velhos, ricos e pobres, crentes e descrentes. A seta da morte atinge o casebre e a mansão, chega no leito do hospital e na academia de ginástica, na cidade mais populosa e no deserto mais solitário. Assim como os peixes são apanhados imperceptivelmente por uma rede traiçoeira e as aves, por um laço mortal, a morte, com suas garras, apanha os homens de surpresa. Philip Ryken é enfático em afirmar: "Não importa quão talentosos sejamos, ou quão bem estejamos preparados ou quantas vantagens tenhamos na vida, nós também podemos sofrer um dia mau".[24] John McAlister é enfático:

> Ninguém sabe a hora de sua partida: quer os peixes apanhados pela rede, quer os pássaros pegos na armadilha, quer as pessoas

surpreendidas pela desgraça. Basta um temporal sobre a região serrana do Rio de Janeiro, uma barragem rompida no interior de Minas Gerais, uma pandemia global, uma bala perdida, um caminhão sem freio ou um viaduto ou uma passarela que despenca e ceifa vidas inesperadamente.[25]

A sabedoria é proveitosa (9:13-18)

Ao concluir este capítulo, Salomão destaca três fatos importantes:

Em primeiro lugar, *a sabedoria ilustrada* (9:13-15a). Salomão escreve:

> Também vi este exemplo de sabedoria debaixo do sol, que foi para mim grande. Houve uma pequena cidade em que havia poucos homens; veio contra ela um grande rei, sitiou-a e levantou contra ela grandes baluartes. Encontrou-se nela um homem pobre, porém sábio, que a livrou pela sua sabedoria..." (9:13-15a).

Salomão vê um grande exemplo acerca do valor da sabedoria. Não sabemos se o que ele narra é uma parábola ou um fato histórico. O que importa é a lição. Um homem pobre, mas sábio, dentro de uma pequena cidade, é mais poderoso do que um grande rei, fortemente armado, que levanta grandes baluartes para conquistá-la. A sabedoria do homem pobre foi mais eficiente para guardar a cidade do que o poder militar e bélico do grande rei para tomá-la. Um clássico exemplo dessa verdade aqui expressa é o rei Ezequias. A cidade de Jerusalém foi sitiada pelo numeroso e poderoso exército assírio. Ele não tinha estratégia nem força militar suficiente para resistir àquela iminente invasão estrangeira; porém, regido pela sabedoria, governado pela fé, pôs-se a orar e Deus desbaratou o inimigo e libertou Jerusalém (2Rs 19:1-37).

Em segundo lugar, *a sabedoria esquecida* (9:15b). "... contudo, ninguém se lembrou mais daquele pobre". As pessoas são instáveis e a fama é transitória. Na verdade, os homens têm a memória curta para agradecer o bem e são antenados para relembrar o mal. Assim como José foi esquecido pelo copeiro de faraó, os homens da cidade que foi poupada pela sabedoria do homem pobre também se esqueceram dele. A gratidão sofre de amnésia. Por isso, o mal se agiganta.

Em terceiro lugar, *a sabedoria enaltecida* (9:16-18). O texto em tela diz:

> Então, disse eu: melhor é a sabedoria do que a força, ainda que a sabedoria do pobre é desprezada, e as suas palavras não são ouvidas. As palavras dos sábios, ouvidas em silêncio, valem mais do que os gritos de quem governa entre tolos. Melhor é a sabedoria do que as armas de guerra, mas um só pecador destrói muitas coisas boas" (9:16-18).

Salomão conclui este capítulo mostrando que a sabedoria é melhor do que a força, mesmo que aquela seja desprezada e seus conselhos não sejam ouvidos. A sabedoria é boa em si mesma. A liderança da sabedoria, mesmo no silêncio, é mais eloquente do que os berros daqueles que governam entre os tolos. Nas palavras de Philip Ryken, "um homem sábio não sente necessidade de gritar muito. Ele sabe que não é o grito que comove o coração das pessoas e que transforma o mundo para o bem, mas a palavra sábia".[26]

A sabedoria é mais poderosa do que as armas de guerra. Um sábio vale mais do que um exército fortemente armado. Porém, basta um pecador para provocar uma grande ruína.

Adão, com seu pecado, lançou toda a raça humana num estado de depravação e miséria. Acã, com seu pecado, arrastou trinta mil israelitas para a morte. Davi, com seu pecado, trouxe tragédia para sua casa, morte para milhares de soldados israelitas e escândalo para toda a nação.

Notas

[1] MCALISTER, John. *O verdadeiro valor da vida*, 2021, p. 199.
[2] _____. *O verdadeiro valor da vida*, 2021, p. 196,197.
[3] RYKEN, Philip Graham. *Eclesiastes*, 2017, p. 228,229.
[4] JR, KAISER, Walter C. *Eclesiastes*, 2015, p. 131.
[5] _____. *Eclesiastes*, 2015, p. 130.
[6] O'DONNELL, Doug. *Ecclesiastes*. Phillipsburg: P & R Publishing, 2014, p. 172.
[7] RYKEN, Philip Graham. *Eclesiastes*, 2017, p. 230.
[8] WIERSBE, Warren W. *Comentário bíblico expositivo*. Vol. 3, 2006, p. 496.
[9] HARPER, A. F. *O livro de Eclesiastes*. In *Comentário bíblico Beacon*. Vol. 3, 2015, p. 456.
[10] LEUPOLD, H. C. *Exposition of Ecclesiastes*. Grand Rapids, MI: Baker, 1952, p. 21.
[11] RYKEN, Philip Graham. *Eclesiastes*, 2017, p. 232.
[12] KIDNER, Derek. *The Message of Ecclesiastes*, 1976, p. 82.
[13] JR, KAISER, Walter C. *Eclesiastes*, 2015, p. 133.
[14] WIERSBE, Warren W. *Comentário bíblico expositivo*. Vol. 3, 2006, p. 498.
[15] RYKEN, Philip Graham. *Eclesiastes*, 2017, p. 239.
[16] NETO, Emílio Garofalo. *Eclesiastes e a vida debaixo do sol*, 2020, p. 361.
[17] KELLER, Timothy. *The Reason for God: Belief in an Age of Skepticism*. New York: Dutton, 2008, p. 162.
[18] EATON, Michael A. *Eclesiastes: introdução e comentário*, 2017, p. 136.
[19] MCALISTER, John. *O verdadeiro valor da vida*, 2021, p. 206.

[20] RYKEN, Philip Graham. *Eclesiastes*, 2017, p. 250.
[21] JR, KAISER, Walter C. *Eclesiastes*, 2015, p. 141.
[22] WIERSBE, Warren W. *Comentário bíblico expositivo*. Vol. 3, 2006, p. 500.
[23] RYKEN, Philip Graham. *Eclesiastes*, 2017, p. 250.
[24] _____. *Eclesiastes, 2017*, p. 251.
[25] MCALISTER, John. *O verdadeiro valor da vida*, 2021, p. 201,202.
[26] RYKEN, Philip Graham. *Eclesiastes*, 2017, p. 254.

Capítulo 14

O sábio e o insensato debaixo do sol

(Ec 10:1-20)

SALOMÃO TERMINA O CAPÍTULO 9 tratando do poder da sabedoria, a sabedoria exemplificada, priorizada e aplicada (9:18), e inicia o capítulo 10 mostrando a influência perniciosa da estultícia, alertando-nos a mantermo-nos afastados da tolice (10:1). A vida se desenvolve nesse campo minado, onde caminhamos entre a sabedoria e a insensatez. Destacaremos algumas lições vitais.

Cuidado com o efeito deletério da estultícia (10:1-3)

Três lições são acentuadas aqui:

Em primeiro lugar, *a estultícia põe tudo a perder* (10:1). "Qual a mosca morta faz o unguento do perfumador exalar mau cheiro, assim é para a sabedoria e a honra um pouco de estultícia". O unguento do perfumador é a matéria-prima para a fabricação do perfume, e precisa ser puro e sem qualquer contaminação. Uma mosca morta nele produz fedor, exala mau cheiro e assim estraga todo perfume e coloca todo o trabalho do perfumador a perder-se. Assim é a vida, o testemunho e o trabalho do homem sábio e honroso que, por falta de vigilância, cede à tentação e resvala os pés no caminho escorregadio da estultícia. Tudo o que fez e é fica maculado. Ele põe uma história de sabedoria e honra a perder. William MacDonald diz que um homem que construiu sua reputação pela sabedoria e pela honra pode arruinar tudo isso por um simples passo em falso. As pessoas irão relembrar esse único deslize e se esquecer dos anos de íntegro testemunho.[1] Michael Eaton, nessa mesma linha de pensamento, diz que um pequeno erro faz com que o mau cheiro de sua loucura sobrepuje a fragrância de sua sabedoria.[2] Corrobora com esse pensamento Emilio Garofalo, ao dizer que a "tolice é destrutiva mesmo em pequenas doses".[3]

Philip Ryken diz que a sabedoria é doce, como a fragrância de um perfume. No entanto, basta um pouco de tolice para azedar as coisas porque ela fede. Basta uma palavra precipitada, uma observação rude, uma decisão apressada, um prazer tolo ou uma explosão de raiva para estragar tudo.[4] Derek Kidner chega a dizer que "é mais fácil produzir fedor do que criar doçura".[5] Já Walter Kaiser Jr. diz que "uma mosca morta é nada, mas causa repugnância".[6]

Em segundo lugar, *a estultícia faz más escolhas* (10:2). "O coração do sábio se inclina para o lado direito, mas o do estulto, para o da esquerda". Na linguagem bíblica, o coração é o centro da afeição, a sede do conhecimento e a fonte dos propósitos da vida. Nas palavras de John McAlister: "O coração é a torre de controle de toda a nossa conduta".[7] É imperativo guardarmos o nosso coração. Salomão adverte: "Sobre tudo o que se deve guardar, guarda o teu coração, porque dele procedem as fontes da vida" (Pv 4:23). Davi tomou uma decisão: "Guardo no coração as tuas palavras, para não pecar contra ti" (Sl 119:11). O coração do sábio se inclina para o que é certo enquanto o coração do tolo, para o que é errado. Quando Salomão usa os vocábulos "direito" e "esquerda", não está se ferindo à ideologia política. Nas palavras de John McAlister: "Salomão não está revelando aqui o alinhamento político dos sábios deste mundo segundo o espectro ideológico".[8]

A ênfase de Salomão neste versículo é que em toda a Escritura o lado direito é o lado da força, do poder, da honra, da verdade, ao passo que o lado esquerdo é o lado da fraqueza, da desonra e da mentira. Ryken diz que a mão direita era associada à força que salva, apoia e protege. A mão direita era usada para abençoar, como quando Jacó cruzou seus braços para colocar sua mão direita sobre a cabeça de Efraim e assim lhe dar a bênção maior (Gn 48:13-20; Pv 3:16). A mão direita era associada também à autoridade, razão pela qual Jesus está sentado à direita do Pai (Cl 3:1). No juízo final as ovelhas estarão à direita, mas os cabritos ficarão à esquerda (Mt 25:31-33).[9] Michael Eaton ainda diz que a destreza dos israelitas levou-os, sem dúvida, a associar a esquerda com desgraça e com desajeitada incompetência (Jz 3:15; 20:16).[10] Harper, nessa mesma linha de pensamento, escreve: "A mão direita se refere à luz e à retidão enquanto a esquerda representa a escuridão e o erro".[11]

O coração do sábio inclina-se para o que é certo; o coração do tolo, para o que é errado e estulto. O que é uma pessoa tola? Salomão, em Eclesiastes diz que um indivíduo tolo é preguiçoso (4:5), mal-humorado (7:9), moralmente cego (2:14) e não ensinável ((9:17). Sua vida não agrada a Deus, pois não sabe se orientar (10:2). Concordo, porém, com Philip Ryken, quando diz que um "tolo" no sentido bíblico não é necessariamente alguém com pouca inteligência. A tolice nem sempre se manifesta num índice baixo de QI. O termo se refere antes a alguém que não tem o apropriado temor a Deus e, portanto, tende a seguir a direção errada da vida. O tolo é caracterizado por uma desobediência impulsiva, uma arrogância egoísta e um desrespeito irrefletido pela santidade de Deus.[12]

Em terceiro lugar, *a estultícia é espalhafatosa* (10:3). "Quando o tolo vai pelo caminho, falta-lhe o entendimento; e, assim, a todos mostra que é estulto". O tolo é desprovido de compreensão, mas aos seus próprios olhos é o mestre da sabedoria. Quando fica em silêncio, paira a dúvida sobre sua tolice; porém, quando abre a boca, a todos fica evidente sua estultícia. O tolo é tagarela. Sua loquacidade só potencializa sua tolice. Ele fala demais e pensa de menos. Nas palavras de Philip Ryken, "os tolos costumam acreditar que apenas eles são sábios e que todos os outros são tolos".[13] Salomão referindo-se ao tolo em Eclesiastes diz que ele ama canções turbulentas (7:5), o riso barulhento (7:6); é preguiçoso (4:5), falador (5:3; 10:12), irascível (7:9), avesso ao aconselhamento (9:17), moralmente cego (2:14), tem uma doença mortal no coração (10:2) e está sob a desaprovação de Deus (5:4). Pode ser encontrado em qualquer camada da sociedade, até mesmo no templo (5:1), ou no trono (4:13).[14]

Cuidado com um governo insensato (10:4-7)

Os versículos 4 a 7 oferecem conselhos práticos que nos ajudam a lidar com os diferentes tipos de pessoas tolas no mundo. Há tolos desde o topo da pirâmide social até à sua base. Há tolos nos parlamentos, nas cortes, nos palácios, nas universidades, no comércio, na indústria, na família e na igreja. Como agir com essas pessoas?

Em primeiro lugar, *reaja transcendentalmente à perseguição* (10:4). "Levantando-se contra ti a indignação do governador, não deixes o teu lugar, porque o ânimo sereno acalma grandes ofensores". Há tolos no governo, como insinua sarcasticamente Mark Twain: "Suponha que você seja um idiota. E suponha que seja membro do congresso. Perdão, estou me repetindo".[15] John McAlister diz que há um notório antro de muita tolice e pouca sabedoria na vida política.[16] Há governadores que não controlam seus sentimentos e são tomados por indignação com facilidade, descontando sua raiva nos servos a seu redor. Fazem isso porque são insuflados por línguas maledicentes ou porque não conhecem o caráter daqueles contra os quais se iram. O próprio Salomão diz que melhor é o longânimo do que o herói de guerra, e o que domina o seu espírito, do que quem toma uma cidade (Pv 16:32). O papel do cidadão que é alvo da fúria do governador não é medir força nem fugir, mas reagir transcendentalmente à perseguição (Pv 25:15; 16:14). Concordo com John McAlister, quando escreve: "Deus sabe cuidar dos seus, mesmo quando estes são injustiçados pelos que os governam".[17]

É oportuno aqui o próprio conselho de Salomão: "A resposta branda desvia o furor, mas a palavra dura suscita a ira" (Pv 15:1). A raiva de um governante precisa ser abrandada com uma mansa tolerância, que não entra em pânico nem foge magoada. John McAlister interpreta corretamente, quando escreve:

> O princípio expresso aqui talvez possa ser igualmente aproveitado com qualquer autoridade que se ire contra nós, seja no trabalho (um chefe, supervisor ou patrão), seja no comércio (um proprietário de imóvel), seja no condomínio (um síndico), seja em casa (um marido ou pai). Quantos erros poderíamos evitar se tão somente soubéssemos permanecer tranquilos diante da ira tola dos que estão acima de nós (quanto mais ao nosso lado e abaixo de nós).[18]

Em segundo lugar, *o mal de um governo tolo* (10:5,6). "Ainda há um mal que vi debaixo do sol, erro que procede do governador: o tolo posto em grandes alturas, mas os ricos assentados em lugar baixo". Salomão é testemunha ocular de algo mal debaixo do sol, um tolo governando e os sábios sendo governados. Um tolo ocupando posição de honra e os sábios relegados à uma posição de subalternidade. Salomão é testemunha ocular do mal de designar homens incapazes para posições que exigem responsabilidade e manter líderes sábios afastados de posições de influência (Pv 19:10; 30:21,22).[19]

Concordo com Philip Ryken quando diz: "Quando as pessoas erradas conquistam o poder, tudo é virado de ponta-cabeça".[20] Nessa mesma linha de pensamento, Warren Wiersbe escreve: "Se um governante tem pessoas incompetentes como conselheiras, quase certamente governará sobre a nação de modo insensato".[21] Um exemplo clássico dessa triste realidade é o rei Roboão, filho de Salomão. Por causa de sua insensatez, seu reino foi dividido (1Rs 12:1-24). Em vez de dar ouvidos às palavras de seus conselheiros sábios, escutou seus imaturos amigos jovens.[22]

Em terceiro lugar, *um governo tolo promove inversão de valores* (10:7). "Vi servos a cavalo e príncipes andando a pé como servos sobre a terra". Andar a cavalo era estar em evidência, ocupando uma posição de riqueza, honra e poder. Mardoqueu foi conduzido a cavalo por Hamã, quando o rei resolveu honrá-lo (Et 6:1-14). Governos tolos honram aqueles que deveriam ir a pé e fazem andar a pé os que deveriam ser honrados. Há uma inversão de valores, uma troca de posição. Quando os tolos assumem o governo, tudo é invertido. Os escravos montam e os príncipes andam a pé. Philip Ryken interpreta corretamente, quando escreve:

> Sempre que vemos que as coisas estão invertidas, de ponta-cabeça, sempre que uma sociedade celebra a imoralidade, perpetua a violência criminosa, pune a justiça, nega a autoridade de Deus ou persegue o seu povo, podemos ter certeza de que a tolice assumiu o controle.[23]

Cuidado com o trabalhador insensato (10:8-11)

Três conselhos são dados aqui:

Em primeiro lugar, *seja cauteloso com os riscos do trabalho* (10:8,9). "Quem abre uma cova nela cairá, e quem rompe um muro, mordê-lo-á uma cobra. Quem arranca pedras será maltratado por elas, e o que racha lenha expõe-se ao perigo". Há atividades que são perigosas e, se feitas com descuido, resultarão em fatalidade.[24] Com imagens vívidas, Salomão destaca os perigos inerentes dessas atividades. Todo trabalho tem seus riscos. Toda atividade e labor exige cuidado e cautela. Salomão está descrevendo pessoas que fizeram seu trabalho e sofreram por causa da sua estultícia. Quem abre uma cova precisa vigiar para não cair nela e ser uma vítima de suas próprias ações. Quem rompe um muro, precisa saber que cobras se escondem nas fendas dos muros e esse trabalho exige vigilância e cuidado. Quem arranca pedras precisa estar atento para não se ferir com algum estilhaço que vem contra ele. Quem racha lenha precisa de cautela para não ser atingido por algum graveto pontiagudo.

As quatro atividades supramencionadas não são acidentes ou infortúnios, mas justa retribuição. A tolice pode ser mortal. O mal sempre cairá sobre a cabeça daquele que o pratica. O que o homem semear, isso ele ceifará (Gl 6:7). Philip Ryken coloca essa advertência assim:

> Para cada tolice há autodestruição igual e oposta. O dependente químico busca a calma da bebida ou a excitação das drogas, mas acaba se destruindo. O devasso pecador busca o prazer sexual, mas ao satisfazer seu desejo fora dos laços sagrados do matrimônio, ele acaba espiritualmente insatisfeito. O marido ou a esposa egoísta quer impor a sua própria vontade, mas ao fazê-lo destrói o relacionamento e perde tudo. O pai ou a mãe irritada quer mais controle, mas as emoções irritadas causam um alvoroço, que só leva a um caos maior, mais raiva e menos controle. Essas são algumas das covas da tolice. Abra a cova, e você mesmo cairá nela. Derrube um muro, e a serpente do pecado voltará para picá-lo.[25]

Warren Wiersbe diz que, ao que parece, todos esses "trabalhadores estultos" apresentam como elemento em comum a presunção. Por causa de sua confiança excessiva, acabaram ferindo-se ou dificultando seu trabalho.[26] Concordo com Walter Kaiser Jr. quando escreve: "A diferença entre o sucesso e o fracasso é a sabedoria".[27]

Em segundo lugar, *tempo gasto em amolar o machado não é tempo perdido* (10:10). "Se o ferro está embotado, e não se lhe afia o corte, é preciso redobrar a força; mas a sabedoria resolve com bom êxito". A sabedoria é como um gume afiado. Salomão destaca aqui a necessidade de se preparar para a realização do trabalho. O tempo gasto em amolar o machado não é tempo perdido. Um trabalhador despreparado vai despender muito esforço e colher resultados pífios. Isso é como tentar derrubar uma árvore com machado sem corte. Estou de pleno acordo com o que Philip Ryken diz: "Viver sabiamente pode exigir mais tempo no início, mas lhe poupará tempo a longo prazo".[28] O sábio prepara suas ferramentas. Ele investe em conhecimento.

Em terceiro lugar, *aja com celeridade* (10:11). "Se a cobra morder antes de estar encantada, não há vantagem no encantador". Aqui, a ênfase está na agilidade. Um atraso tolo pode lhe causar dor e sofrimento como a picada de uma cobra. As cobras não têm ouvidos externos; captam as ondas sonoras principalmente por meio da estrutura óssea da cabeça. O que chama a atenção da serpente e a mantém sob controle não é tanto a música que o encantador toca, mas sim seus gestos disciplinados.[29] A víbora dá o bote de acordo com o movimento do encantador. Um encantador lerdo, que falha na rapidez de seus movimentos para encantar a serpente, é picado por ela, tornando-se vítima de seu espetáculo. Esse adágio poderia ser mais bem entendido na nossa cultura, assim: "Não adianta trancar a porteira do estábulo depois que o cavalo foi roubado".

Cuidado com a língua insensata (10:12-15)

Há quatro advertências aqui:

Em primeiro lugar, *o perigo das palavras destruidoras* (10:12). "Nas palavras do sábio há favor, mas ao tolo os seus lábios devoram". Há aqui um contraste entre as palavras do sábio e os lábios do tolo. Enquanto as palavras do sábio transmitem graça aos que ouvem, os lábios do tolo destilam destruição. Sua língua é fogo que devora, veneno que mata, fonte de águas salobras. As palavras devoram de muitas maneiras. Destroem relacionamentos, produzem assassinato de reputação, provocam intrigas interpessoais e guerras entre as nações. As palavras destruidoras são comparadas a armas de guerra (Pv 25:18), a um incêndio (Tg 3:5,6) e a um animal venoso (Tg 3:7,8). Palavras destruidoras ferem quem as profere tanto quanto aos outros (Pv 13:3; 21:23).

A palavra "favor" é, na verdade, a palavra hebraica para "graça" (*hen*), um favor imerecido. As palavras de uma pessoa sábia demonstram esse tipo de graça em relação a outras pessoas.[30] Salomão já havia dito: "A morte e a vida estão no poder da língua; o que bem a utiliza come do seu fruto" (Pv 18:21). Tiago é enfático: "Todo homem seja tardio para falar..." (Tg 1:19), e conclui: "Se alguém não tropeça no falar, é perfeito varão" (Tg 3:2).

Em segundo lugar, *o perigo das palavras pervertidas* (10:13). "As primeiras palavras da boca do tolo são estultícia, e as últimas, loucura perversa". O tolo erra nas palavras do início ao fim. Sua boca é um poço de perdição. Sua língua é um pote de veneno. Suas palavras são marcadas pela estultícia e o resultado delas é loucura perversa. As palavras do tolo geram contendas, induzem ao erro e matam.

Em terceiro lugar, *o perigo das palavras descontroladas* (10:14). "O estulto multiplica as palavras, ainda que o homem não saiba o que sucederá; e quem lhe manifestará o que será depois dele?". O sábio se cala, mas o estulto não consegue ficar em silêncio. Mesmo sem saber o que falar e como falar, ele profere palavras irrefletidas e despeja sua verborragia insensata. Ele multiplica palavras sem dizer coisa alguma. Nas palavras de Walter Kaiser Jr., "suas palavras são um fluxo constante de insensatez".[31] O tolo raramente se contenta em manter a sua tolice para si mesmo. Ele sempre insiste em compartilhá-la com outros. É conhecida a máxima de Platão, o filósofo grego: "Homens sábios falam porque têm algo a dizer; os tolos falam porque precisam dizer algo".

O tolo, mesmo nada sabendo sobre o futuro, desabotoa sua língua venenosa para falar asneiras. Ele é como o rico insensato que falava sobre o seu seguro e confortável futuro, sem saber que a morte já estava lavrada para ele (Mt 12:18,19). Melhor seria se praticássemos o que ensina Tiago 4:15: "Se o Senhor quiser, não só viveremos, como também faremos isto ou aquilo".

Em quarto lugar, *o perigo das palavras presunçosas* (10:15). "O trabalho do tolo o fatiga, pois nem sabe ir à cidade". O assunto muda das palavras para as ações. O tolo acha cansativo qualquer tipo de trabalho. O resultado é a preguiça e a incompetência.[32] O tolo esgota a si mesmo pelo seu ineficiente e improdutivo trabalho. Sua falta de modéstia torna-o loquaz. Ele fala do futuro como se soubesse tudo que vai acontecer (Pv 27:1). Salomão, entretanto, deixa claro em Eclesiastes que o homem não sabe coisa alguma sobre o futuro (3:22; 6:12; 8:7; 9:12). Passando-se por sábio, não sabe sequer o óbvio, como encontrar o caminho de acesso à cidade. É conhecida é expressão do estadista americano Abraham Lincoln, "É melhor calar-se e deixar que as pessoas pensem que você é um idiota do que falar e acabar com a dúvida".

Cuidado com os líderes insensatos (10:16-20)

Salomão volta novamente à esfera política, para alertar sobre o grande risco de uma nação ser entregue à atuação de líderes inexperientes e incompetentes que colocam seus banquetes e prazeres acima do trabalho árduo, líderes que não sabem controlar sua língua nem sua pinga.[33] Três lições devem ser aprendidas com a passagem em apreço.

Em primeiro lugar, *quem é o seu rei?* (10:16,17). "Ai de ti, ó terra cujo rei é criança e cujos príncipes banqueteiam já de manhã. Ditosa, tu, ó terra cujo rei é filho de nobres e cujos príncipes se sentam à mesa a seu tempo para refazerem as forças e não para bebedice". Salomão traça, aqui, um contraste profundo entre um rei insensato e um rei sábio. Suas práticas são diferentes e o resultado do governo de ambos é diametralmente oposto. O rei insensato traz sofrimento à terra enquanto o rei sábio é fonte de alegria para a terra. Há aqui, portanto, duas índoles, duas práticas e dois resultados. Vejamos:

Reis com índoles diferentes. O rei insensato é denominado de "criança". Obviamente, Salomão não se refere aqui à idade do rei, mas fala de sua imaturidade. A palavra hebraica (*na'ar*) não se limita a pessoas abaixo de certa idade, mas, sobretudo, a pessoas imaturas (1Rs 3:7; 2Cr 12:13; 1Co 3:1-4; Hb 5:11-14).[34] O rei insensato é infantil. Vive e age como criança. Falta-lhe a postura e a compostura de homem. É um líder inexperiente, sem a têmpera, o brio e a maturidade necessários para tão nobre e gigantesca tarefa. Esse rei imaturo cerca-se de assessores imaturos.

Todos os escalões de seu governo são formados por pessoas despreparadas.

Philip Ryken conta uma história interessantíssima sobre um homem chamado Carlos XII, que se tornou rei da Suécia ainda adolescente. Um tolo consumado. Tinha todo o poder real e se comportava como um idiota. Costumava andar a cavalo dentro de casa, derrubar as pessoas na rua, atirar nas janelas do palácio. Em certa ocasião, os pregadores de Estocolmo concordaram em pregar Eclesiastes 10:16 no mesmo domingo e ir contra a tolice do rei infantil.[35]

Por outro lado, o rei sábio é filho de nobres. Tem capacitação intelectual, maturidade emocional, integridade moral e preparo para a governança. Por essa causa, ele se cerca de assessores que têm o mesmo ideal, ou seja, trabalhar para a nação em vez de explorá-la.

Reis com práticas diferentes. O rei insensato reúne seus subordinados, os príncipes, para banquetear e se entregar à bebedice desde o amanhecer. Nada de trabalho. Nada de suor. Nada de sacrifício pela nação. Eles não pensam no povo, mas em si mesmos. Não se sacrificam pelo povo, buscam apenas o seu prazer imediato. Governam não para o povo, mas para si mesmos. Não defendem o que é certo, mas são céleres em praticar o mal. Não alimentam a esperança do povo, mas são seu maior pesadelo. Não lutam pelo que é legítimo, mas rendem-se à comilança e à bebedice já de manhã. De forma diferente, o rei sábio com os príncipes de seu governo dedica as horas do dia ao trabalho. Extenuados da lida, reúnem-se à mesa para refazerem as forças, a fim de continuar a labuta em favor da nação. O rei sábio adota a máxima: "Primeiro os deveres, depois os prazeres". O rei e seus subordinados servem ao povo, em vez de se servirem do povo. Trabalham para o povo e não para si mesmos. Sacrificam-se pelo povo em vez de viverem às custas do suor e do sangue do povo. São exemplos de integridade e não mestres de nulidades. São escultores do eterno e não alfaiates do efêmero.

Reis com resultados diferentes. Os governantes insensatos são uma tragédia para o povo. A terra suspira, o povo geme e a nação sofre. Um "ai" de lamento é lançado sobre a terra governada por reis imaturos, comilões e beberrões, que fogem ao trabalho para se refestelarem em banquetes fartos, movidos pela hilaridade etílica. Esses governantes insensatos são maldição e não bênção. Transtornam a terra em vez de dar a ela estabilidade. Suas obras fazem o povo sofrer em vez de aliviar a carga dos trabalhadores. Sua glutonaria insaciável e sua bebedice crônica produzem uma safra de dor para toda a terra. O rei sábio, por sua vez, com toda a sua equipe, dedica todo seu conhecimento, experiência e recursos para trabalhar em favor do povo. Esses servidores públicos reúnem-se ao redor da mesa não para fugirem ao trabalho, mas para renovarem suas forças para continuar a labuta em favor da nação. O resultado deste trabalho abnegado é a felicidade do povo, o regozijo da terra, a prosperidade das famílias e o triunfo de todos.

Quem é o seu rei? Qual é a índole dele? Quais são as suas práticas? Que resultados a nação colherá do seu rei? Que Deus tenha misericórdia do nosso povo e se apiede da nossa nação!

Em segundo lugar, *não se renda à preguiça* (10:18,19). "Pela muita preguiça desaba o teto, e pela frouxidão das mãos goteja a casa. O festim faz-se para rir, o vinho alegra a vida, e o dinheiro atende a tudo". Salomão destaca aqui o efeito deletério da preguiça. Um preguiçoso não faz manutenção na sua própria casa. Buracos no telhado são a causa de gotejamento. Porque o preguiçoso vai empurrando a solução dos problemas, chega um dia em que o teto da casa desaba para ruína de sua vida e de sua família. Walter Kaiser Jr. lança luz sobre o versículo 18 ao escrever:

> O versículo 18 censura abertamente aqueles governantes que cedem à luxúria e à intemperança, permitindo que o país se degenere e que abusos floresçam. Essa manutenção decadente e negligente da justiça deve ser comparada a infiltrações no telhado de uma casa, que provocam o apodrecimento do telhado e, por fim, seu desabamento. Esse mal pode ser atribuído a um certo tipo de loucura — a rematada preguiça.[36]

Emilio Garofalo tem razão em dizer que o versículo é um tanto complicado de interpretar, pois parece estar aprovando a festança desordenada que os poderosos fazem em vez de cuidar do país. Eles festejam e cantam enquanto tudo se vai. Para o tolo esse é o limite da vida.[37] Entendo, porém, que o versículo 19 está em contraste com o preguiçoso do versículo 18. Assim, ele descreve o diligente que tem espaço na sua agenda para festejar e sorrir. O sábio pode desfrutar do bom vinho e se alegrar. O sensato, com o fruto do seu trabalho granjeia recursos e tem dinheiro para atender às demandas de sua casa. Michael Eaton diz que nas quatro referências a dinheiro em Eclesiastes Salomão sabia o que era ser rico (2:8), e que o dinheiro não satisfaz inteiramente (5:10); no entanto, via nele uma proteção (7:12) e uma necessidade prática (10:19).[38] Concordo com Ryken, quando escreve:

> Às vezes, o versículo 19 é criticado por assumir uma abordagem cínica às necessidades e aos prazeres da vida. Nesse contexto,

porém, ele demonstra a sabedoria do trabalho duro em comparação com a loucura do ócio preguiçoso. Embora o dinheiro tenha seus limites, podemos comprar com ele tudo que precisamos, como o pão diário e um bom vinho delicioso. Com o dinheiro podemos fazer o reino de Deus avançar, sustentando o ministério de uma igreja local e sua obra missionária ao redor do mundo.[39]

Em terceiro lugar, *não solte a sua língua* (10:20). "Nem no teu pensamento amaldiçoes o rei, nem tampouco no mais interior do teu quarto, o rico; porque as aves dos céus poderiam levar a tua voz, e o que tem asas daria notícia das tuas palavras". Salomão encerra este capítulo tratando da necessidade imperativa de controlar a língua e de ser cauteloso com os comentários acerca daqueles que estão investidos de autoridade. As paredes têm ouvidos. Os pássaros são mensageiros. Achar que todas as pessoas são confiáveis para guardar segredo é consumada tolice. Quem tem língua solta a ponto de amaldiçoar o rei, mesmo que seja no recôndito de sua própria casa, coloca-se sob severa ameaça. Cabe aqui o conselho de Salomão: "Até o estulto quando se cala é tido por sábio" (Pv 17:28). Ou como diz Jó aos seus amigos: "Tomara vos calásseis de todo, que isso seria a vossa sabedoria" (Jó 13:5).

John McAlister diz, corretamente, que hoje é o passarinho azul chamado *Twitter* que acaba por entregar muita gente que pensa de menos e fala demais e acaba se incriminando desnecessariamente. Portanto, vigie seus dedos no smartphone tanto quanto seus lábios.[40]

Warren Wiersbe alerta para o fato de que, mesmo quando não respeitamos a pessoa que ocupa um cargo, devemos respeitar o cargo em si (Rm 13:1-7; 1Pe 2:13-17). Está escrito: "Contra Deus não blasfemarás, nem amaldiçoarás o príncipe do teu povo" (Êx 22:28).[41] A postura respeitosa de Davi com o rei Saul, que por inveja queria matá-lo, é um clássico exemplo desse princípio.

Neste mundo de tanta estultícia, se quisermos viver sabiamente, precisamos trocar o coração (10:2) e compreender que a sabedoria não é apenas um estilo de vida, mas uma pessoa. A sabedoria é Jesus. Ele é a nossa sabedoria (1Co 1:30)!

Notas

[1] MACDONALD, William. *Believer's Bible Commentary.* Nashville, Atlanta: Thomas Nelson,1995, p. 909.
[2] EATON, Michael A. *Eclesiastes: introdução e comentário,* 2017, p. 140.
[3] NETO, Emilio Garofalo. *Eclesiastes e a vida debaixo do sol,* 2020, p. 391.
[4] RYKEN, Philip Graham. *Eclesiastes,* 2017, p. 259.
[5] KIDNER, Derek. *The Message of Ecclesiastes,* 1976, p. 88.
[6] JR, KAISER, Walter C. *Eclesiastes,* 2015, p. 144.
[7] MCALISTER, John. *O verdadeiro valor da vida, 2021,* p. 216.
[8] _____. *O verdadeiro valor da vida, 2021,* p. 215.
[9] RYKEN, Philip Graham. *Eclesiastes,* 2017, p. 261.
[10] EATON, Michael A. *Eclesiastes: introdução e comentário,* 2017, p. 141.
[11] HARPER, A. F. *O livro de Eclesiastes.* In *Comentário bíblico Beacon.* Vol. 3, 2015, p. 459.
[12] RYKEN, Philip Graham. *Eclesiastes,* 2017, p. 260.
[13] _____. *Eclesiastes,* 2017, p. 262.
[14] EATON, Michael A. *Eclesiastes: introdução e comentário,* 2017, p. 141,142.
[15] RYKEN, Philip Graham. *Eclesiastes,* 2017, p. 263.
[16] MCALISTER, John. *O verdadeiro valor da vida,* 2021, p. 218.
[17] MCALISTER, John. *O verdadeiro valor da vida,* 2021, p. 218.
[18] _____. *O verdadeiro valor da vida,* 2021, p. 219.
[19] HARPER, A. F. *O livro de Eclesiastes.* In *Comentário bíblico Beacon.* Vol. 3, 2015, p. 459.

Eclesiastes — Sabedoria para viver

[20] RYKEN, Philip Graham. *Eclesiastes*, 2017, p. 264.
[21] WIERSBE, Warren W. *Comentário bíblico expositivo*. Vol. 3, 2006, p. 502.
[22] Idem.
[23] RYKEN, Philip Graham. *Eclesiastes*, 2017, p. 264.
[24] NETO, Emilio Garofalo. *Eclesiastes e a vida debaixo do sol*, 2020, p. 391.
[25] RYKEN, Philip Graham. *Eclesiastes*, 2017, p. 267,268.
[26] WIERSBE, Warren W. *Comentário bíblico expositivo*. Vol. 3, 2006, p. 503.
[27] JR, KAISER, Walter C. *Eclesiastes*, 2015, p. 146.
[28] RYKEN, Philip Graham. *Eclesiastes*, 2017, p. 268.
[29] WIERSBE, Warren W. *Comentário bíblico expositivo*. Vol. 3, 2006, p. 502.
[30] RYKEN, Philip Graham. *Eclesiastes*, 2017, p. 271.
[31] JR, KAISER, Walter C. *Eclesiastes*, 2015, p. 147.
[32] EATON, Michael A. *Eclesiastes: introdução e comentário*, 2017, p. 144.
[33] MCALISTER, John. *O verdadeiro valor da vida*, 2021, p. 222.
[34] RYKEN, Philip Graham. *Eclesiastes*, 2017, p. 277.
[35] _____. *Eclesiastes*, 2017, p. 247.
[36] JR, KAISER, Walter C. *Eclesiastes*, 2015, p. 149.
[37] NETO, Emilio Garofalo. *Eclesiastes e a vida debaixo do sol*, 2020, p. 395.
[38] EATON, Michael A. *Eclesiastes: introdução e comentário*, 2017, p. 146.
[39] RYKEN, Philip Graham. *Eclesiastes*, 2017, p. 280
[40] MCALISTER, John. *O Verdadeiro sentido da vida*, 2021, p. 223.
[41] WIERSBE, Warren W. *Comentário bíblico expositivo*. Vol. 3, 2006, p. 504,505.

Capítulo 15

As chaves para uma vida melhor

(Ec 11:1-10)

No texto em tela, Salomão sai do tópico da política (10:16-20) e passa ao tópico da economia (11:1-6).[1] Ao falar sobre as chaves para uma vida melhor, enfatiza a fé corajosa e a alegria ultracircunstancial. Hoje temos uma maior expectativa de vida. O desenvolvimento da ciência alongou a existência sobre a terra. Porém, não temos garantia de que a vida se tornou melhor. Não basta viver mais, é preciso viver melhor. Não basta viver muito, é preciso viver bem.

Uma vida melhor requer fé corajosa para fazer investimentos (11:1-6)

A vida não é uma rotina enfadonha, tediosa e monótona, mas uma aventura de fé. Seis conselhos são dados aqui:

Em primeiro lugar, *para ter retorno é preciso ousar nos investimentos* (11:1). "Lança o teu pão sobre as águas, porque depois de muitos dias o acharás". A figura usada aqui por Salomão não é facilmente entendida. Não há consenso entre os estudiosos sobre o seu real significado. Há aqueles, como Leupold, que interpretam o texto dizendo que o sábio está falando de filantropia. Outros, pensam que ele está falando sobre semeadura na borda dos rios, depois que o aguaceiro escoou. Sidney Greidanus diz que pelo menos três interpretações diferentes são oferecidas para este verso familiar: Dê esmolas e, eventualmente, você será recompensado; envie seus bens pelo oceano, e depois de muitos dias você será beneficiado pelo comércio; faça algo sem sentido e isso pode levar, paradoxalmente, a um bom resultado.[2]

Nosso entendimento, porém, é que Salomão está falando do comércio internacional, quando os navios transportavam produtos de uma nação para outra em longas e demoradas viagens. Havia riscos de naufrágios e de ataque de piratas. Porém, sem investimentos arriscados não havia chance de retorno financeiro. Corrobora com esse pensamento Warren Wiersbe, quando diz que Salomão está usando aqui a atividade do comerciante enviando seus navios mercantes com mercadorias. Os navios podem bater em recifes, se deparar com uma tempestade ou ser atacados por piratas, e a carga se perder.[3] O mesmo autor ainda esclarece:

> A expressão "lança o teu pão sobre as águas" pode ser parafraseada como "envia os teus cereais nos navios". O próprio Salomão estava envolvido em vários tipos de transação comercial, de modo que é natural que usasse tal ilustração (1Rs 10:15,22). Levaria meses para os navios voltarem com suas

cargas preciosas, mas quando chegassem, a fé e a paciência do comerciante seriam recompensadas.⁴

Michael Eaton tem razão em dizer que este versículo trata de um apelo à aventura e à fé. A alusão refere-se ao elemento "confiança" nos negócios dos tempos antigos. Os navios que saíam em rota comercial demoravam-se muito; havia grande espera antes de qualquer lucro. Entretanto, os bens do comerciante tinham de ser confiados aos navios. A frota de Salomão trazia "ouro, prata, marfim, bugios e pavões" (1Rs 10:22), e partia uma vez a cada três anos.

Tal tipo de vida contém os elementos de confiança e aventura (*lança*), exige entrega total (visto que *o teu pão* é empregado no sentido de "bens", "mantimentos", como em Dt 8:3; Pv 31:14) e pressupõe expectativa (*o acharás*), uma recompensa que requer paciência (*depois de muitos dias o acharás*).⁵

Em segundo lugar, *para alcançar melhores resultados é preciso diversificar os empreendimentos* (11:2). "Reparte com sete e ainda com oito porque não sabes que mal sobrevirá à terra". Este versículo, seguindo a mesma toada do anterior, continua com a visão comercial. A lição principal é que o empreendedor precisa diversificar seus investimentos. Ele deve distribuir sua riqueza em vários investimentos, e não apenas num único negócio. É prudente não colocar todos os ovos numa única cesta. Não é sensato investir todos os recursos num único negócio. A diversificação possibilita ao investidor lucrar numa área, quando outra está em declínio. Nas palavras de Michael Eaton, "o negociante há de ser zeloso com respeito a seus negócios, porque a impossibilidade de prever os eventos poderá impedir que no futuro haja oportunidade de usar o zelo".⁶

Se a linha de interpretação do primeiro versículo estiver inclinada para a filantropia, este versículo deve ser interpretado também na mesma direção. Assim, Salomão estaria recomendando a distribuição generosa, além do número ideal (sete), na convicção de que se os tempos de escassez chegarem e baterem à sua porta, essas pessoas assistidas por você hoje o assistirão amanhã. Repartir com sete é demonstrar plena generosidade, mas repartir com oito é superar todas as expectativas. É transcender na expressão da bondade.

Obviamente devemos ser generosos no repartir nossos dons e talentos. Devemos ser pródigos em investir na expansão do reino de Deus, no investimento da obra missionária e no socorro aos necessitados.

Em terceiro lugar, *o plano de Deus é certo, por isso, importa avançar* (11:3). "Estando as nuvens cheias, derramam aguaceiro sobre a terra; caindo a árvore para o sul ou para o norte, no lugar em que cair, aí ficará". Aqui está a inexorabilidade dos planos de Deus e essa verdade não pode ser uma desculpa para se cruzar os braços e render-se à inatividade. O que não administramos não pode paralisar nossa ação naquilo que administramos. Harper, nessa mesma linha de pensamento, diz que Salomão sugere claramente aqui o elemento do destino inescapável. O contexto, portanto, sugere que Salomão está falando dos resultados inevitáveis das escolhas humanas.[7] Lutero entendia que devemos imitar a generosidade das nuvens, uma vez que o nosso destino não pode ser mudado depois da morte. Delitzsch, por sua vez, interpreta este versículo, dizendo que não se pode controlar a natureza, portanto, devemos preparar-nos para o pior.[8]

Em quarto lugar, *não espere tempo favorável, importa trabalhar* (11:4). "Quem somente observa o vento nunca semeará, e o que olha para as nuvens, nunca segará". A preguiça é um grande mal. Salomão já destacou as consequências de se adiar um trabalho urgente por causa dela (10:18). Quem observa o mau tempo nunca semeia nem colhe. Quem fica esperando um tempo favorável para agir, acaba perdendo as oportunidades da vida. Warren Wiersbe, citando Billy Sunday, diz: "Uma desculpa é um invólucro de razão preenchido com uma mentira".[9] Quem procura, sempre encontra uma razão para não fazer nada.

Michael Eaton destaca que o Pregador adverte contra a procrastinação, usando uma ilustração agrícola. O fazendeiro enfrenta um vento errático e um tempo instável, não podendo esperar interminavelmente uma ocasião mais propícia para lançar a semente. A falta de informações completas não é desculpa para a inatividade. A vida de alegrias não virá ao indeciso. A vida dele será um fracasso total.[10]

O agricultor exerce fé quando lança a semente no solo, uma vez que ele não administra as circunstâncias. O tempo pode ser ruim, a seca pode ser severa, a ferrugem e os insetos podem destruir a plantação, e todo o trabalho do agricultor terá sido em vão. Porém, se o agricultor esperar por circunstanciais ideais, não fará coisa alguma.[11] Derek Kidner é oportuno quando escreve: "Se há riscos em tudo, é melhor fracassar na tentativa do que ficar aguardando seus recursos para si mesmo".[12] Tiago diz: "... eis que o lavrador aguarda com paciência o precioso fruto da terra até receber as primeiras e as últimas chuvas" (Tg 5:7).

Philip Ryken diz que em vez de contemplar o vento e as nuvens, imaginando todas as dificuldades e esperando por circunstâncias melhores, devemos fazer o que pudermos com aquilo que Deus nos deu na vida. Envolva-se no ministério. Demonstre misericórdia com uma pessoa que esteja passando por necessidades. Comece uma amizade com um vizinho e ore para que Deus use esse relacionamento para levá-lo a Cristo.[13]

Em quinto lugar, *não espere compreender todas as coisas para cumprir sua missão* (11:5). "Assim como tu não sabes qual o caminho do vento, nem como se formam os ossos no ventre da mulher grávida, assim também não sabes as obras de Deus, que faz todas as coisas". Os versículos 2, 5 e 6 usam as palavras "não sabes" como expressão-chave da seção. O ser humano não sabe o que o futuro reserva, mas não deve permitir que sua ignorância o amedronte a ponto de torná-lo descuidado ou de paralisá-lo.[14]

Não espere, portanto, compreender todos os profundos mistérios da vida para depois agir. Não conhecemos o caminho do vento e mesmo tendo mais luz hoje do que Salomão sobre os mistérios da vida intrauterina, não conseguimos alcançar todos os mistérios da vida. Nosso limitado conhecimento não pode ser um impedimento para o nosso trabalho. O justo vive pela fé. Nem sempre Deus dá explicações acerca de suas obras e da nossa origem. Concordo com Michael Eaton: "A vida de fé não remove o problema de nossa ignorância; antes, capacita-nos a viver com ela. A fé desabrocha no mistério da providência; não o elimina".[15]

John McAlister diz, acertadamente, que só vivemos uma vez, então não podemos ter medo de viver. Por mais estudados, capacitados, preparados e precavidos que formos, nada nos isenta de passarmos por aflições e revezes. Por isso, em vez de nos mantermos reféns do medo, em virtude da imprevisibilidade da existência e dos mistérios da vontade de Deus, devemos, ao contrário, nos lançar mais à vida, não menos.[16]

Em sexto lugar, *trabalhe com fé e deixe os resultados com Deus* (11:6). "Semeia pela manhã a tua semente e à tarde não repouses a mão, porque não sabes qual prosperará; se esta, se aquela ou se ambas igualmente serão boas". A vida de fé que conduz à alegria e satisfação não proporciona conhecimento infalível do futuro. O Pregador dispõe de uma doutrina da providência, a qual não é uma constante calma isenta de tensão.[17] Jesus ilustrou essa magna verdade com a parábola do semeador. Cabe ao semeador semear em todo tempo sem ter controle do futuro. Ele nem sempre vê o resultado do seu trabalho nem administra esse resultado. Apenas um quarto da semeadura produziu frutos. Lutaram contra a semente as aves do céu, as pedras, os espinheiros, os homens e o diabo. Mas a semente que caiu em boa terra produziu a trinta, a sessenta e a cento por um. O semeador não afrouxa suas mãos porque o solo está batido pelo tropel dos homens, ou porque os espinhos e as pedras são hostis à semente. Ele semeia pela manhã e, também, pela tarde, porque não sabe qual semente vai nascer, crescer e frutificar.

Não podemos desperdiçar as oportunidades. Semeie em todo tempo, em todo lugar, em todas as circunstâncias, mesmo sem saber o que Deus fará com essa semeadura. De uma coisa podemos ter certeza: nunca colheremos, se nunca semearmos.

Uma vida melhor requer alegria apesar das circunstâncias (11:7-10)

Oito verdades solenes são enfatizadas aqui:

Em primeiro lugar, *deleite-se na luz* (11:7). "Doce é a luz, e agradável aos olhos, ver o sol". Todos os dias, ao acordarmos, deveríamos dizer como o salmista: "Este é o dia que o SENHOR fez; regozijemo-nos e alegremo-nos nele" (Sl 118:24). Devemos esperar sempre o novo dia com alegria, entusiasmo e gratidão. A luz do dia é doce e contemplar o despontar do sol a cada manhã é uma experiência bendita.

Michael Eaton diz, com razão, que o bem da vida é retratado pela palavra *luz*, que no Antigo Testamento sempre é empregada para denotar "alegria, bênçãos e vida, em contraste com a tristeza, adversidade e morte" (Gn 1:3; Jó 10:22; 15:5). Significa estar vivo e cheio de alegria (Jó 3:20; Sl 49:19). Assim, as duas palavras "doce" e "agradável" descrevem a alegria da vida. A descrição dupla implica que a vida não é apenas boa, agradável em si mesma, mas, também, que deve ser saboreada com entusiasmo, como se saboreia o mel.[18]

A luz é, também, uma metáfora que define o próprio Deus. Deus é luz (1Jo 1:5). Jesus é a verdadeira luz que, vinda ao mundo, ilumina a todo homem (Jo 1:9). Jesus é a luz do mundo (Jo 12:8). O Espírito Santo ilumina nosso coração. A luz é símbolo da verdade e da santidade. É símbolo do conhecimento e da pureza. Ela é doce, e viver nela é desfrutar da superlatividade da vida. Ver o sol é não estar nos vales sombrios da morte. É celebrar a vida e desfrutá-la exuberantemente.

Em segundo lugar, *viva a vida com prazerosa alegria* (11:8a). "Ainda que o homem viva muitos anos, regozije--se em todos eles...". A vida é um dom de Deus. Devemos saboreá-la com gratidão e exultação. Não podemos passar pela vida murmurando, capitulando-nos aos queixumes amargos. Quem reclama da vida, insurge-se contra o seu doador. Michael Eaton diz que, aqui, ressoam as notas de advertência, deixando claro que a morte faz da aceitação da vida de alegria assunto de extrema urgência, visto que a vida terrena não pode ser desfrutada em retrospecto.[19]

Em terceiro lugar, *prepare-se para os dias trevosos* (11:8b). "... contudo, deve lembrar-se de que há dias de trevas, porque serão muitos. Tudo quanto sucede é vaidade". Embora a vida seja bela e deva ser celebrada com entusiasmo, traz também em sua bagagem dias de trevas. Temos anos de luz e dias de trevas. Temos anos de alegria e dias de tristeza. Há mais alegrias que tristezas. Porém, ninguém passa pela vida ileso das garras da tristeza. Aqui choramos, gememos e sangramos. Aqui nos despedimos de nossos entes queridos em meio às lágrimas. Nós não vivemos num jardim engrinaldado de flores. Não pisamos tapetes aveludados. Caminhamos por estradas juncadas de espinhos e navegamos por mares revoltos. Nas palavras de Michael Eaton, "a vida não entrega suas alegrias com facilidade".[20]

Em quarto lugar, *viva sua juventude com superlatividade* (11:9a). "Alegra-te, jovem, na tua juventude, e recreie-se o teu coração nos dias da tua mocidade...". A juventude é a fase da beleza, da força, do vigor, da coragem e do encantamento com a vida. A ordem de Deus aos jovens é para se alegrarem e recrearem o coração nessa fase da vida. Esses dias primaveris são floridos e perfumados. Devem ser vividos com celebração e vibrante exultação. A alegria deve caracterizar a vida interior (*coração*). A fonte e o meio da alegria é o coração, o centro da vida interior do homem, a fonte dos pensamentos, dos sentimentos, das resoluções e do caráter.[21]

Em quinto lugar, *desfrute sua juventude com alegria santa* (11:9b). "... anda pelos caminhos que satisfazem ao teu coração e agradam aos teus olhos...". A alegria deve caracterizar também o comportamento exterior (*anda*). Já os olhos são instrumentos do coração. A alegria recomendada por Salomão, porém, não é alegria mundana. O jovem não tem licença para pecar. A alegria do pecado é uma cilada, uma farsa, uma mentira. O pecado é um embuste. Promete prazer e traz desgosto; promete liberdade e escraviza; promete vida e mata. O pecado levará você mais longe do que gostaria de ir; reterá você mais tempo do que gostaria de ficar; e lhe custará um preço mais caro do que gostaria de pagar.

Em sexto lugar, *saiba que você prestará contas de sua vida a Deus* (11:9c). "... sabe, porém, que de todas estas coisas Deus te pedirá conta". A alegria deve ser controlada pelo conhecimento do julgamento de Deus. Assim sendo, o jovem não pode viver de forma inconsequente. Celebrar a vida implica fazê-lo com discernimento e santo temor. Há uma prestação de contas a dar. Há um juízo final a encarar. Há uma retribuição, tanto para o bem como para o mal à frente. Deus há de julgar nossas palavras, nossas obras, nossas omissões e até nossos pensamentos e desejos. Nada escapa ao seu olhar investigativo. Deus a tudo conhece e a todos sonda. Portanto, seja um bom mordomo do seu corpo. Cuide sua saúde física e emocional. Fuja das propostas mentirosas das drogas. Corra léguas das paixões da mocidade (2Tm 2:22). Cuide de seu corpo, de sua mente e de sua alma.

Nessa mesma linha de pensamento, Walter Kaiser Jr. destaca que este versículo não é nenhuma carta em branco nem uma estação de caça na qual vale tudo. Portanto, não abuse dessa bênção com confortos e prazeres nocivos, que não oferecem verdadeira alegria. A vida deve ser vivida levando-se em conta os valores da eternidade. Sua vida neste mundo em breve passará, e somente aquilo que é feito para Cristo e com os olhos fixos em Cristo permanecerá. Portanto, divirta-se! Alegre-se e sinta prazer na excitação de viver. Contudo, acrescente um tom prudente aos seus passos, lembrando-se que o dia de hoje reaparecerá no futuro, quando nos apresentarmos àquele que conhece o certo e o errado.[22]

Em sétimo lugar, *remova de sua vida tudo o que lhe traz sofrimento* (11:10a). "Afasta, pois, do teu coração o desgosto e remove da tua carne a dor...". Há muitos desgostos e dores que afligem nossa vida, quer no aspecto físico, emocional, moral e espiritual. A palavra hebraica *kaas,* traduzida por "desgosto", refere-se àquilo que enraivece, entristece e irrita (1Sm 1:6). Já o termo "carne" descreve a humanidade em sua fraqueza, tanto a fragilidade física (12:12) como a fragilidade moral (5:6).

Precisamos tirar toda a fuligem dos nossos sentimentos, fazer uma faxina em nossa mente e cuidar preventivamente da nossa saúde física e espiritual. O jovem deve afastar-se de más companhias, deve fugir das paixões da mocidade e ausentar-se dos lugares tentadores que servem de laço para seus pés. Certamente os pecados da juventude lançam os alicerces para as aflições da velhice. Philip Ryken tem razão em dizer: "Há um tempo para ser jovem e forte, e enquanto estivermos nessa estação da vida, devemos celebrar as suas bênçãos".[23]

Concordo com Warren Wiersbe, quando escreve:

A melhor maneira de experimentar a felicidade na vida adulta e o contentamento na velhice é começar logo cedo na vida e evitar as coisas que causarão problemas no futuro. Os jovens que cuidam da mente e do corpo, que evitam os pecados destrutivos da carne e que constroem bons hábitos de saúde e de santidade têm mais chance de ser felizes na vida adulta do que aqueles que se entregam às loucuras da juventude e depois oram pedindo para não sofrer as consequências.[24]

Em oitavo lugar, *esteja certo de que a juventude é fugaz e passageira* (11:10b). "... porque a juventude e a primavera da vida são vaidade". A juventude é bela, mas é efêmera e fugaz; passa e passa rápido. Nas palavras de Philip Ryken "a juventude é como a fumaça que se dissolve no ar ou como a neblina que desaparece ao nascer do sol. Num dia somos jovens e fortes, mas antes de nos darmos conta, esses dias já se passaram".[25] O vigor físico diminui com os anos. O tempo vai esculpindo rugas em nossa face de forma indisfarçável. Chega um momento em que os cosméticos e as cirurgias plásticas não são suficientes para encobrir as marcas da velhice. As pernas ficam bambas; os joelhos, trôpegos; as mãos, descaídas e os olhos, embaçados. Dizem os entendidos que cada fio de cabelo branco que brota em nossa cabeça é a morte nos chamando para um duelo. Aqueles que depositam toda a sua confiança no vigor e beleza da juventude ficam desamparados quando a velhice chega. Por isso Billy Graham dizia que a "velhice não é para os fracos". A Escritura diz que enganosa é a graça, e vã, a formosura (Pv 31:30). O sentido da vida está no temor do Senhor e não na beleza fugidia da juventude.

Notas

[1] GREIDANUS, Sidney. *Pregando Cristo a partir de Eclesiastes*, 2017, p. 280.
[2] _____. *Pregando Cristo a partir de Eclesiastes*, 2017, p. 279.
[3] WIERSBE, Warren W. *Comentário bíblico expositivo*. Vol. 3, 2006, p. 507.
[4] WIERSBE, Warren W. *Comentário bíblico expositivo*. Vol. 3, 2006, p. 507.
[5] EATON, Michael A. *Eclesiastes: introdução e comentário*, 2017, p. 147,148.
[6] _____. *Eclesiastes: introdução e comentário*, 2017, p. 148.
[7] HARPER, A. F. *O livro de Eclesiastes*. In *Comentário bíblico Beacon*. Vol. 3, 2015, p. 462.
[8] EATON, Michael A. *Eclesiastes: introdução e comentário*, 2017, p. 149.
[9] WIERSBE, Warren W. *Comentário bíblico expositivo*. Vol. 3, 2006, p. 507.
[10] EATON, Michael A. *Eclesiastes: introdução e comentário*, 2017, p. 150.
[11] WIERSBE, Warren W. *Comentário bíblico expositivo*. Vol. 3, 2006, p. 507.
[12] KIDNER, Derek. *The Message of Ecclesiastes*, 1976, p. 97.
[13] RYKEN, Philip Graham. *Eclesiastes*, 2017, p. 287.
[14] WIERSBE, Warren W. *Comentário bíblico expositivo*. Vol. 3, 2006, p. 507.
[15] EATON, Michael A. *Eclesiastes: introdução e comentário*, 2017, p. 150,151.
[16] MCALISTER, John. *O verdadeiro valor da vida*, 2020, p. 231.
[17] EATON, Michael A. *Eclesiastes: introdução e comentário*, 2017, p. 151.
[18] EATON, Michael A. *Eclesiastes: introdução e comentário*, 2017, p. 152.
[19] Idem.
[20] EATON, Michael A. *Eclesiastes: introdução e comentário*, 2017, p. 153.
[21] Idem.
[22] JR, KAISER, Walter C. *Eclesiastes*, 2015, p. 153,154.
[23] RYKEN, Philip Graham. *Eclesiastes*, 2017, p. 298.
[24] WIERSBE, Warren W. *Comentário bíblico expositivo*. Vol. 3, 2006, p. 508,509.
[25] RYKEN, Philip Graham. *Eclesiastes*, 2017, p. 297.

Capítulo 16

Preparando-se para a partida

(Ec 12:1-14)

O PREGADOR ENCERRA SUA obra encorajando a alegria, mas alertando para a chegada da velhice, retratada como uma tempestade e como uma casa em ruínas. Michael Eaton, citando Hertzberg, diz que numa linguagem vívida Salomão deu origem aos mais selvagens voos de interpretação imaginosa sobre a velhice.[1]

Uma descrição real da velhice (12:1-8)

Há cinco lições solenes a serem observadas aqui. Vejamos:

Em primeiro lugar, *prevenir é melhor que remediar* (12:1a). "Lembra-te do teu Criador nos dias da tua mocidade...". São muitas as distrações dos dias fugidios da mocidade. Há um grande risco de o jovem esquecer-se de Deus ao mesmo tempo que usufrui de suas bênçãos ou mesmo se insurgir contra Ele ignorando sua bondade. O que Salomão recomenda aqui não é mera lembrança, como se o jovem fosse passível de amnésia, mas um esforço deliberado de honrar a Deus nos dias da sua mocidade. Derek Kidner interpreta corretamente, quando escreve: "Lembrar não é um ato superficial ou meramente mental; significa abandonar nossa pretensão ou autossuficiência e entregar-nos a Deus".[2] Concordo com Philip Ryken, quando diz que conhecer nosso Criador antes de envelhecer e morrer é a coisa mais importante que podemos fazer.[3]

Walter Kaiser Jr. ainda esclarece esse ponto assim:

> Ao usar a palavra "lembrar", Salomão não está requerendo um simples reconhecimento mental, pois o termo bíblico "lembrar" significa muito mais do que um simples ou mero ato de recordação mental. Além da reflexão e ponderação da obra divina de criação das pessoas e do mundo, há forte implicação de ação. Por exemplo, quando Deus "se lembrou de Ana" (1Sm 1:19), fez mais que dizer: "Oh, sim, Ana; eu quase esqueci você". Quando se lembrou dela, Deus agiu de maneira decisiva em seu favor, e ela, que era estéril, concebeu seu filho Samuel.[4]

O que texto orienta, portanto, que os jovens se lembrem do seu Criador e sejam prudentes (Sl 119:100), puros (Sl 119:9,11) e cheios do Espírito Santo (Jl 2:28).

Em segundo lugar, *a velhice traz em sua bagagem sofrimento* (12:1b). "... antes que venham os maus dias, e cheguem os anos do quais dirás: 'Não tenho neles prazer'". A idade que vai chegando traz em sua bagagem grandes e variadas limitações. A velhice é um tempo de declínio do vigor. Definitivamente, chamar a velhice de "melhor idade" não é adequado. Muito embora o termo "maus dias" não seja uma referência a males morais, aponta para os tempos angustiosos, limitantes e calamitosos da velhice.[5] Assim, quem ignora a Deus na juventude é um forte candidato a não ter prazer na velhice. Harper diz que transborda dessa passagem "a música da mortalidade".[6]

Em terceiro lugar, *a velhice é comparável a uma tempestade* (12:2). "Antes que se escureçam o sol, a lua e as estrelas do esplendor da tua vida; e tornem a vir as nuvens depois do aguaceiro". Warren Wiersbe diz que nos anos da juventude, o céu é claro (11:7), mas chegará o tempo em que haverá trevas e uma tempestade atrás da outra.[7] É por isso que a descrição que Salomão faz neste versículo é de uma tempestade. As trevas são símbolo de tristeza ou de incapacidade de se desfrutar alegria. Harper diz que a velhice é vista como um tempo de luz efêmera e de dias escuros de inverno.[8] O retorno das nuvens depois do aguaceiro é uma evidência de que, inobstante a tempestade tenha passado logo, outra tempestade virá em seguida.

Em quarto lugar, *a velhice é comparável a uma casa em ruínas* (12:3-7). O Pregador faz, na passagem em destaque, uma das mais vívidas descrições da velhice e da morte de toda a literatura. Ele retrata a velhice como uma casa caindo aos pedaços e que, por fim, se transforma em pó. A habitação é uma das metáforas bíblicas para o corpo humano (Jó 4:19; 2Co 5:1,2; 2Pe 3:13). Assim, o desfazimento da casa em ruínas ou do tabernáculo efêmero é um retrato da morte. Leiamos o relato do Pregador:

> No dia em que tremerem os guardas da casa, os teus braços, e se curvarem os homens outrora fortes, as tuas pernas, e cessarem os teus moedores da boca, por já serem poucos, e se

> escurecerem os teus olhos nas janelas; e os teus lábios, quais portas da rua, se fecharem; no dia em que não puderes falar em alta voz, te levantares à voz das aves, e todas as harmonias, filhas da música, te diminuírem; como também quando temeres o que é alto, e te espantares no caminho, e te embranqueceres, como floresce a amendoeira, e o gafanhoto te for um peso, e te perecer o apetite; porque vais à casa eterna, e os pranteadores andem rodeando pela praça; antes que se rompa o fio de prata, e se despedace o copo de ouro, e se quebre o cântaro junto à fonte, e se desfaça a roda junto ao poço, e o pó volte à terra, como o era, e o espírito volte a Deus, que o deu (12:3-7).

Usando várias imagens vívidas, o rei-Pregador descreve os sintomas da idade avançada rumo à morte, como uma casa que está em ruínas, prestes a desabar. Vejamos:

Primeiro — braços trêmulos, *os guardas da casa* (12:3). Os protetores da casa, as mãos, estão trêmulas, frágeis e inábeis para resistirem a qualquer ataque. Na velhice, a força dos braços diminui. Os braços outrora fortes e vigorosos agora são frágeis e débeis.

Segundo — pernas bambas, *os homens outrora fortes* (12:3). Na velhice, as pernas ficam bambas e os joelhos, trôpegos. Os homens que serviam de guardas e protetores da casa agora estão vacilantes e sem vigor.

Terceiro — dentes inoperantes, *os moedores que cessam sua atividade por já serem poucos* (12:3). Nos dias de Salomão, a ciência ortodôntica não era desenvolvida. Os dentes cariados eram arrancados e assim os moedores da boca iam se escasseando. A alimentação sólida era substituída por uma alimentação pastosa, pois os dentes perdiam a capacidade de mastigar o alimento.

Quarto — olhos embaçados, *olhos escuros na janela* (12:3). Nos dias de Salomão a oftalmologia, a medicina dos olhos, não tinha os mesmos recursos que temos hoje. Multiplicavam-se os casos de cegueira. Muitos velhos, na janela, já não podiam mais enxergar o movimento das ruas, pela sua limitação visual.

Quinto — lábios fechados, *portas da rua fechadas ou ouvidos limitados pela surdez* (12:4). Concordo com Michael Eaton quando diz que o quadro do casarão em decadência deveria ser analisado em sua integridade, e não laboriosamente desmembrado nas metáforas que o constituem.[9] Já que os detalhes são significativos, "as portas da rua" se referem ao reduzido acesso ao mundo exterior, que é o que acontece quando há problemas de audição.

Sexto — voz fraca, pois não se pode falar mais em voz alta (12:4). Na velhice, a voz se debilita. O vigor e o rompante da voz diminuem significativamente.

Sétimo — insônia, *levantando-se à voz das aves* (12:4). Os velhos dormem tão superficialmente que até mesmo o pipilar dos passarinhos os acordará. O mínimo ruído pela manhã é suficiente para interromper o sono. Os velhos sofrem de insônia e o sono é tão leve a ponto de despertarem erraticamente, de madrugada.

Oitavo — diminuição de apreço pela música, *quando todas as harmonias, filhas da música, te diminuírem*. Esses deleites pela arte da música diminuem e escapam na velhice.

Nono — *medo de altura e de tropeçar no caminho* (12:5). O velho tem medo de altura e, também, de caminhar. Facilmente os velhos tropeçam e caem, mesmo em caminhos outrora familiares.

Décimo — *cabelos brancos* (12:5). Os cabelos da cabeça do velho tornam-se brancos como uma amendoeira que floresce. Só há duas opções: os cabelos caem ou embranquecem.

Assim, cada fio de cabelo branco que surge em nossa cabeça é a morte nos chamando para um duelo.

Décimo primeiro — *passo vacilante* (12:5). A velhice é como um gafanhoto se arrastando, carregando um peso. Certamente, isso se refere ao caminhar difícil e incerto dos anciãos. Nas palavras de Michael Eaton, "o mais leve peso se transforma num fardo pesado".[10] Nas palavras de Walter Kaiser Jr., aqui se retrata "o passo vacilante do idoso ao andar com sua bengala".[11]

Décimo segundo — *perda da potência e do apetite sexual* (12:5). O desejo sexual falha na velhice. A Septuaginta (LXX) traduziu a expressão "te perecer o apetite" por "e a alcaparra tornar-se ineficaz". A alcaparra era aparentemente um estimulante dos apetites físicos. Daí, a conclusão de muitos estudiosos, dizendo que a referência de Salomão está relacionada à perda do apetite sexual.

Décimo terceiro — *morte e choro no funeral* (12:5). A casa ruiu e a morte chegou e com a morte o luto e o pranto nas praças. A tristeza está inevitavelmente ligada ao processo da morte. Os pranteadores andarão rodeando pelas praças. Toda a caminhada, que para alguns pode ser uma longa jornada, é um ato contínuo de dissolução. O ser humano começa a caminhada da morte no dia em que nasce. Todos estão a caminho da casa eterna. A morte é o clímax de um processo que se inicia na vida (Rm 8:10; Fp 3:21). Mas, também, é a transição irreversível, visto que conduz à casa eterna.[12] Philip Ryken diz que todas essas são descrições memoráveis da morte. Morrer é voltar para nosso lar eterno. Não viveremos para sempre aqui. Hoje somos jovens e fortes, mas já estamos envelhecendo, e amanhã os pranteadores levarão nosso corpo para o enterro.[13]

Décimo quarto — *o ato terminal da morte* (12:6). Michael Eaton diz que o ato terminal da morte é retratado em quatro expressões, divididas em dois pares. No primeiro par, uma taça de ouro está atada a um fio ou cordão de prata. Ao "remover-se" ou desatar-se o cordão, o copo cai e fica irreparavelmente danificado. A imagem literária retrata o valor da vida (*prata... ouro*), e o drama no fim de uma vida cujos pedaços não podem ser juntados outra vez. O segundo par de imagens visualiza um cântaro descido num poço, mediante uma corda enrolada numa roda. O quebrar do cântaro representa a morte. A roda arrebenta-se e desaparece no poço.[14]

Harper tem razão em dizer que todas essas metáforas representam a vida terrena como algo que termina subitamente e que não tem a possibilidade de ser recuperado: o cordão é cortado; o copo despedaça; o cântaro e a roda estão quebrados.[15]

Décimo quinto — a sentença final da morte, *o pó volta à terra* (12:7). No Éden, Deus deu a sentença ao homem: "... porque tu és pó e ao pó tornarás" (Gn 3:19). O homem é feito do pó e voltará ao pó, pois Deus o reduz ao pó (Sl 90:3). O homem não é o que é, é o que foi e o que há de ser. Porque foi pó e voltará ao pó, ele é pó. Só Deus pode dizer: "Eu sou o que sou" (Êx 3:14). O texto em tela enfatiza a origem terrena da humanidade (Gn 2:7; 3:19; Jó 10:9) e a fraqueza física (Sl 103:14).

Michael Eaton diz que "voltar ao pó" é percorrer o caminho reversivo de Gênesis 2:7, e tornar-se um cadáver, que se sujeita à deterioração completa. Significa não estar mais animado pelo fôlego que provém de Deus (Jó 34:14,15).[16] Como o Pregador de Eclesiastes, o apóstolo

Paulo compreendeu que, um dia, a velha casa do nosso corpo terreno, como uma tenda rota, será destruída. Mas, como servo do Salvador que ressurgiu do túmulo, ele acredita que nosso corpo também será refeito (2Co 5:1). Essa nova casa é o corpo da ressurreição de todos os que creem em Jesus (1Co 15:20).

Décimo sexto — *o contraste entre o físico e o espiritual* (12:7b). "... e o espírito volte a Deus, que o deu". O espírito humano é o princípio da vida inteligente, moral e espiritual. Quando ele se retira do corpo, dá-se o fim da vida terrena e a dissolução da matéria (Sl 22:15). Ecoa-se aqui o grande contraste entre o físico e o espiritual. O corpo, que foi feito do pó, volta a ser pó, e o espírito, soprado por Deus, volta para Ele. O corpo vai para baixo e o espírito vai para cima; o corpo vai para a terra e o espírito vai para o céu. O próprio Jesus ao morrer na cruz disse ao Pai: "nas tuas mãos entrego meu espírito" (Lc 23:46). Assim também falou Estêvão, o protomártir do cristianismo: "Senhor Jesus, recebe o meu espírito" (At 7:59). A morte não põe um ponto final na existência humana, pois pela vitória de Cristo sobre a morte estamos destinados à imortalidade (1Tm 1:10).

Em quinto lugar, *a decadência e a morte são uma evidência de que a vida é apenas um vapor que se dissipa* (12:8). "Vaidade de vaidade, diz o Pregador, tudo é vaidade". O livro encerra onde começou, enfatizando a futilidade da vida sem Deus, num mundo caído. A decadência e a morte trazem, assim, o Pregador de volta às suas primeiras palavras (1:2). O fenômeno da morte é o exemplo supremo da vaidade da vida no reino terrenal.[17] Philip Ryken diz que a palavra "vaidade", em seu sentido literal, refere-se à respiração ou ao vapor que sobe de um bule com água fervente.

Assim é a vida. É impossível agarrá-la, e antes que você perceba, ela já se foi; ela dissolve no ar.[18]

Walter Kaiser Jr. conclui este entendimento dizendo que a declaração salomônica de que tudo é vaidade, transitório e efêmero, enfatiza que é vergonhoso ter vivido sem conhecer a chave do viver. É um desperdício morrer sem ter desfrutado a vida ou conhecido o seu propósito. Isso é a tragédia das tragédias; um grande desperdício.[19]

Uma apresentação honesta do Pregador (12:9-12)

Michael Eaton diz que a seção final fornece uma breve nota biográfica do Pregador (12:9,10), um elogio (12:11), uma advertência (12:12) e um sumário da mensagem do livro (12:13,14).[20] Philip Ryken diz que o autor de Eclesiastes escreveu com lucidez, mestria e integridade. Assim, seu livro instrui a nossa mente, comove o nosso coração e nos guia na sabedoria de Deus.[21] Vejamos:

Em primeiro lugar, *um pedagogo profundo* (12:9). "O Pregador, além de sábio, ainda ensinou ao povo o conhecimento; e, atentando e esquadrinhando, compôs muitos provérbios". O Pregador assemelha-se a Moisés, em seu interesse didático (Dt 6:1-9), e, também, a Davi (2Sm 1:18; Sl 34:11; 51:13), a Josafá (2Cr 17:7-9), a Esdras (Ed 7:10), e a muitos outros líderes israelitas.[22] Obviamente que o interesse do Pregador era muito mais do que ensinar o conhecimento ou o acúmulo de fatos. Seu propósito era pastoral e não apenas profissional. O Pregador foi um investigador cuidadoso: revelou diligência e profundidade na pesquisa. Fez sua apresentação com ordem e perícia. Seu trabalho foi uma obra de arte. Seu método para transmitir conhecimento ao povo foram os muitos provérbios, com grande variedade de significados. Concordo com Walter Kaiser Jr. quando diz que o material apresentado pelo Pregador neste livro não é o palavrório de um experimentador nem as reflexões de um homem incrédulo.[23]

Em segundo lugar, *um escritor habilidoso* (12:10a). "Procurou o Pregador achar palavras agradáveis...". As habilidosas palavras do Pregador tinham o poder de deleitar e penetrar, uma vez que eram palavras refletidas e prudentes. Não basta comunicar a verdade, é preciso fazê-lo com elegância, eloquência e profundidade. Salomão, ao escrever esta robusta obra, não foi um alfaiate do efêmero, mas um escultor do eterno. Não lidou com amenidades, mas com a própria essência da vida. Não usou um palavrório rasteiro, mas um vocabulário erudito, adornado de palavras agradáveis.

Em terceiro lugar, *um escritor confiável* (12:10b). "... e escrever com retidão palavras de verdade". As palavras do Pregador não tinham só o propósito de deleitar, mas também de confrontar. Não tinham apenas beleza retórica, mas, também, tinham o propósito de gotejar a sã doutrina e conduzir à retidão. A teologia é a mãe da ética e a sã doutrina é a mãe da retidão. Concordo com Michael Eaton, "se o Pregador desse maior atenção à forma, às expensas do conteúdo, perderia o apoio de Deus. Ser reto e ao mesmo tempo desagradável é tolice; porém, ser agradável, sem retidão, é charlatanismo".[24]

Em quarto lugar, *um ensinamento transformador* (12:11a). "As palavras dos sábios são como aguilhões e como pregos bem fixados as sentenças coligidas...". O aguilhão era uma vara longa e pontiaguda usada para estimular o animal. Sempre que o animal fazia "corpo mole" era despertado pelo aguilhão a continuar sua marcha sem esmorecer no seu trabalho. Philip Ryken diz que o aguilhão não foi feito para ferir um animal, mas para infligir uma dose suficiente de dor, a fim de obter a sua plena cooperação.[25]

O ensinamento do Pregador é como um aguilhão que pica a consciência de seus leitores, despertando-os para viverem dentro da vontade de Deus e jamais esmorecerem na execução de seu trabalho. O ensino é, de fato, transformador. As duas sentenças — "aguilhões e pregos bem fixados" — ilustram o duplo efeito dos ensinos do Pregador: suas palavras estimulavam a ação e fixavam os ensinos na memória".[26]

Em quinto lugar, *um ensinamento inspirado* (12:11b). "... dadas pelo único Pastor". Esses ensinamentos não emanaram do Pregador, mas do único Pastor que é Deus. Eles foram dados sob inspiração divina. Seus ensinos não são mera filosofia humana; são inspirados pelo próprio Deus. John McAlister diz, corretamente, que o sábio de Eclesiastes faz questão de dar o crédito a quem realmente merece toda honra, glória e louvor: o Supremo Pastor e guia do seu povo (Sl 23:1; 80:1). Eclesiastes não é apenas sabedoria antiga e atual. Não é apenas sabedoria prática e pessoal. Não é apenas sabedoria bela e verdadeira. Enfim, Eclesiastes não é apenas sabedoria humana, mas divina em sua essência e origem, inspirada pelo próprio Deus, que conduziu o autor da obra.[27]

Isso está de acordo com o que diz o apóstolo Pedro: "Porque nunca jamais qualquer profecia foi dada por vontade humana; entretanto, homens [santos] falaram da parte de Deus, movidos pelo Espírito Santo" (2Pe 1:21). Na mesma toada escreve o apóstolo Paulo: "Toda Escritura é inspirada por Deus e útil para o ensino, para a repreensão, para a correção, para educação na justiça, a fim de que o homem de Deus seja perfeito e perfeitamente habilitado para toda boa obra" (2Tm 3:16,17).

A autoridade do ensino do Pregador não procede da terra, mas do céu; não vem do homem, mas de Deus. O Pregador não cria a mensagem, transmite-a. Ele não é dono da mensagem, mas servo dela. Deus não tem compromisso com a palavra do Pregador; ele tem compromisso com a sua Palavra. Nas palavras de Michael Eaton: "Embora as palavras do Pregador sejam o resultado de suas próprias reflexões, elas são também palavras de Deus. Assim, temos aqui a doutrina da inspiração".[28] Corrobora com esse pensamento Walter Kaiser Jr., quando escreve: "A reivindicação do Pregador é que a sabedoria em Eclesiastes vinha de Deus numa revelação, tal como a palavra do profeta também era dada por inspiração divina [...]. O Pastor de Israel (Sl 80:1) é a fonte real das palavras deste livro; não é o cinismo, nem o ceticismo, nem o mundanismo — nem qualquer uma dessas fontes. Ele deu as ideias, enquanto também ajudou Salomão na composição de Eclesiastes".[29]

Em sexto lugar, *um ensinamento suficiente* (12:12). "Demais, filho meu, atenta: não há limites para fazer livros, e o muito estudar é enfado da carne". John McAlister interpreta corretamente quando diz que neste versículo o Pregador nos alerta sobre a busca infinda por sentido e entendimento, como um aluno insaciável que nunca se contenta com o resultado de sua busca. Ele nos alerta que a busca incessante por sentido neste mundo, além do que já descobrimos nas Escrituras Sagradas, é puro enfado e canseira.[30]

Nessas observações finais, o Pregador alerta sobre o perigo de dar ouvidos aos falsos ensinamentos que se proliferam por meio de livros e mais livros que são publicados. Hoje, mais de um milhão de livros são publicados a cada ano. Essa advertência está alinhada com admoestações semelhantes encontradas no Novo Testamento (Rm 16:17-20; 2Ts 3:14; 1Tm 6:20,21; 1Jo 5:21; Ap 22:18,19). O leitor é responsável diante de Deus pelas leituras que faz. Precisa estar atento com essa grande massa literária, que não procede do único Pastor, a fim de que não venha a ser enredado pelos falsos ensinamentos. Concordo com Warren Wiersbe, quando escreve:

> À primeira vista, o versículo 12 parece apresentar um conceito negativo do aprendizado, mas não é esse o caso. Trata-se de uma advertência para que o aluno não vá além daquilo que Deus escreveu em sua Palavra. De fato, há muitos livros, e estudá-los pode ser uma tarefa cansativa. Porém, não devemos permitir que os livros escritos por homens nos privem da sabedoria de Deus.[31]

Resta claro afirmar, portanto, que o Pregador não está proibindo sua congregação de ler outros livros, mas está advertindo sobre a necessidade de ter filtro na leitura dessas obras. Uma razão pragmática para se ter cuidado com essas múltiplas leituras, ou o muito estudar, é o efeito físico, o enfado da carne. Assim, o candidato a sábio transformaria sua biblioteca em prisão e seus livros em guardas de penitenciária.[32] Nessa mesma linha de pensamento Walter Kaiser Jr. escreve: "Embora os livros se multipliquem e os homens possam se enfadar com o estudo de coleções sempre crescentes em volumes, as palavras inspiradas de Eclesiastes irão instruir, advertir e admoestar".[33] Warren

Wiersbe é assaz oportuno em sua observação: "Não se pode examinar a verdade de Deus à luz dos muitos livros; antes, é preciso examinar os livros dos homens à luz da verdade de Deus."[34]

Uma retrospectiva necessária (12:13)

Três verdades são aqui destacadas:

Em primeiro lugar, *temer a Deus é o que de fato importa* (12:13a). "De tudo o que se tem ouvido, a suma é: Teme a Deus...". O temor do Senhor é um tema recorrente em Eclesiastes. O temor de Deus é o reconhecimento de seu poder e justiça imutáveis (3:14). O temor de Deus nos livra da impiedade e da autorretidão (7:18) e conduz ao ódio ao pecado (5:6; 8:12). O temor do Senhor é tanto o princípio como o fim último da sabedoria. Nas palavras de Philip Ryken, "temer a Deus é honrá-lo, reverenciá-lo e adorá-lo".[35] Resta claro afirmar, portanto, que teme-lo não é sentir fobia de Deus. Concordo com Warren Wiersbe, quando escreve: "Um medo não santo faz as pessoas fugirem de Deus, enquanto um temor santo coloca-as de joelhos em amorosa sujeição a Deus".[36] Quando tememos a Deus, não temos medo de nenhuma outra coisa; porém, quando não tememos a Deus, temos medo de todo o resto.

Em segundo lugar, *a obediência é a evidência do temor a Deus* (12:13b). "... e guarda os seus mandamentos...". A ordem das duas advertências é importante: temer e guardar. Nas palavras de Michael Eaton, "a conduta decorre do culto. O conhecimento de Deus conduz à obediência; não é a obediência que conduz ao conhecimento de Deus".[37]

Em terceiro lugar, *nenhum homem está desobrigado desse dever* (12:13c). "... porque isto é o dever de todo homem".

Esta advertência se aplica ao homem integral e a todos: homens e mulheres, grandes e pequenos, ricos e pobres, doutores e analfabetos. Ninguém está dispensado de temer a Deus e obedecer aos seus mandamentos. No cumprimento desse sublime propósito devemos empregar todo o nosso ser: razão, emoção e vontade!

Uma advertência final (12:14)

Este lembrete final traz à baila o recorrente ensino encontrado no livro de Eclesiastes (3:17; 11:9). Vejamos:

Em primeiro lugar, *o Juiz é soberano* (12:14a). "Porque Deus há de trazer a juízo todas as obras...". Deus julgará o justo e o perverso (3:17). Deus nos pedirá contas de todas as coisas (11:9). Esta passagem em apreço enfatiza que Deus é o Juiz e o que se passa entre os homens não ficará sem julgamento. O Juiz é soberano e o juízo é criterioso. O Juiz a tudo sonda e a todos conhece. Ele não julgará, seletivamente, apenas algumas coisas, mas todas as obras. Isso está de acordo com o que ensina as Escrituras no Novo Testamento (At 17:30,31; Rm 14:12; 2Co 5:10; Ap 20:11-15).

Em segundo lugar, *o Juiz é onisciente* (12:14b). "... até as que estão escondidas...". O Juiz não é apenas soberano, mas, também, onisciente. Ele tudo conhece, tudo vê e a todos perscruta. Ele julgará no dia do juízo todas as nossas palavras, todas as nossas obras, todas as nossas omissões e, também, todos os nossos pensamentos e desejos. O tribunal dos homens não tem competência para julgar foro íntimo, mas o tribunal de Deus tem. Isso, porque ele tudo sabe e nada ficará oculto aos seus olhos. As coisas ocultas que a lei condena (Lv 4:13) e o salmista confessou (Sl 90:8) não escaparão ao exame de Deus (1Co 4:5).

Em terceiro lugar, *o Juiz é justo* (12:14c). "... quer sejam boas, quer sejam más". O Juiz soberano e onisciente combina em si mesmo graça e julgamento (2:24; 3:12; 9:7-9; 12:14). Oferece-se a vida de fé e prega-se a advertência do julgamento, concomitantemente. Que os homens se regozijem (11:9), mas que também se lembrem (12:1) desta advertência, e tenham temor (12:13).[38] Philip Ryken diz, corretamente, que um dia Deus revelará cada pecado secreto e cada gentileza anônima. Ele julgará cada ato, bom ou mau, incluindo cada pensamento casual e cada palavra descuidada (Mt 12:36). Ele "trará à plena luz as coisas ocultas das trevas, mas também manifestará os desígnios dos corações" (1Co 4:5).[39]

A mensagem final de Eclesiastes não é que nada importa, mas tudo importa. O que fizemos, como o fizemos e por que o fizemos terá relevância eterna. A razão pela qual tudo importa é que tudo no universo está sujeito ao veredito final do Deus que conhece cada segredo.[40]

O livro de Eclesiastes não termina com uma promessa de graça, mas com uma advertência de juízo. Por isso, ele nos aponta para o evangelho, que proclama que todo aquele que está em Jesus Cristo, o Filho de Deus, não entra em juízo condenatório (Jo 5:24), pois nenhuma condenação pesa mais sobre aqueles que estão em Cristo Jesus (Rm 8:1). O Verbo eterno se fez carne e habitou entre nós (Jo 1:14). Ele carregou sobre o seu corpo, no madeiro, os nossos pecados (1Pe 2:24). Ele foi feito pecado por nós (2Co 5:21). Ele morreu pelos nossos pecados (1Co 15:3) e ressuscitou por causa da nossa justificação (Rm 4:25). Temos em Jesus plena redenção. Morremos e ressuscitamos com Ele para uma nova vida. Estamos assentados com Ele nas regiões celestiais acima de todo principado e potestade (Ef 2:6). Estamos seguros em seus braços, de onde ninguém pode nos arrancar (Jo 10:28,29). Porque Deus nos justificou, nenhuma acusação contra nós prosperará diante do tribunal de Cristo. Porque foi Jesus que morreu e ressuscitou, está assentado à direita da Majestade e intercede por nós, e ninguém pode nos condenar (Rm 8:33-35).

Não encontro maneira melhor de encerrar este comentário de Eclesiastes senão apelando para as quatro exclamações de Walter Kaiser Jr.: "Que livro! Que Deus bondoso! Que vida! E que plano!".[41]

NOTAS

[1] EATON, Michael A. *Eclesiastes: introdução e comentário*, 2017, p. 155.
[2] KIDNER, Derek. *The Message of Eclesiastes*, 1976, p. 100.
[3] RYKEN, Philip Graham. *Eclesiastes*, 2017, p. 302.
[4] JR, KAISER, Walter C. *Eclesiastes*, 2015, p. 155.
[5] EATON, Michael A. *Eclesiastes: introdução e comentário*, 2017, p. 156.
[6] HARPER, A. F. *O livro de Eclesiastes*. In *Comentário bíblico Beacon*. Vol. 3, 2015, p. 465.
[7] WIERSBE, Warren W. *Comentário bíblico expositivo*. Vol. 3, 2006, p. 509.
[8] HARPER, A. F. *O livro de Eclesiastes*. In *Comentário bíblico Beacon*. Vol. 3, 2015, p. 465.
[9] EATON, Michael A. *Eclesiastes: introdução e comentário*, 2017, p. 156.
[10] EATON, Michael A. *Eclesiastes: introdução e comentário*, 2017, p. 157.
[11] JR, KAISER, Walter C. *Eclesiastes*, 2015, p. 158.
[12] EATON, Michael A. *Eclesiastes: introdução e comentário*, 2017, p. 157.
[13] RYKEN, Philip Graham. *Eclesiastes*, 2017, p. 301.

[14] EATON, Michael A. *Eclesiastes: introdução e comentário*, 2017, p. 158.
[15] HARPER, A. F. *O livro de Eclesiastes*. In *Comentário bíblico Beacon*. Vol. 3, 2015, p. 466.
[16] EATON, Michael A. *Eclesiastes: introdução e comentário*, 2017, p. 158.
[17] _____. *Eclesiastes: introdução e comentário*, 2017, p. 159.
[18] RYKEN, Philip Graham. *Eclesiastes*, 2017, p. 305.
[19] JR, KAISER, Walter C. *Eclesiastes*, 2015, p. 159.
[20] EATON, Michael A. *Eclesiastes: introdução e comentário*, 2017, p. 159.
[21] RYKEN, Philip Graham. *Eclesiastes*, 2017, p. 308.
[22] EATON, Michael A. *Eclesiastes: introdução e comentário*, 2017, p. 160.
[23] JR, KAISER, Walter C. *Eclesiastes*, 2015, p. 160.
[24] EATON, Michael A. *Eclesiastes: introdução e comentário*, 2017, p. 161.
[25] RYKEN, Philip Graham. *Eclesiastes*, 2017, p. 309.
[26] EATON, Michael A. *Eclesiastes: introdução e comentário*, 2017, p. 161.
[27] MCALISTER, John. *O verdadeiro valor da vida*, 2021, p. 249.
[28] EATON, Michael A. *Eclesiastes: introdução e comentário*, 2017, p. 162,
[29] JR, KAISER, Walter C. *Eclesiastes*, 2015, p. 160,162.
[30] MCALISTER, John. *O verdadeiro valor da vida*, 2021, p. 248.
[31] WIERSBE, Warren W. *Comentário bíblico expositivo*. Vol. 3, 2006, p. 510.
[32] EATON, Michael A. *Eclesiastes: introdução e comentário*, 2017, p. 163.
[33] JR, KAISER, Walter C. *Eclesiastes*, 2015, p. 161.
[34] WIERSBE, Warren W. *Comentário bíblico expositivo*. Vol. 3, 2006, p. 510.
[35] RYKEN, Philip Graham. *Eclesiastes*, 2017, p. 312.
[36] WIERSBE, Warren W. *Comentário bíblico expositivo*. Vol. 3, 2006, p. 511.
[37] EATON, Michael A. *Eclesiastes: introdução e comentário*, 2017, p. 163.
[38] EATON, Michael A. *Eclesiastes: introdução e comentário*, 2017, p. 164.
[39] RYKEN, Philip Graham. *Eclesiastes*, 2017, p. 313.
[40] _____. *Eclesiastes*, 2017, p. 314.
[41] JR, KAISER, Walter C. *Eclesiastes*, 2015, p. 162.